CLV

»Vorsicht, denn bei diesem Buch handelt es sich um Dynamit. Es wäre gut möglich, dass es in Ihrem Leben explodiert und bewirkt, dass Sie nie wieder derselbe sind. Die Hauptaussage dieses Buches stellt die wichtigsten Wahrheiten des Wortes Gottes in einer ausgewogenen Weise dar. Lesen Sie es nicht einfach nur – sondern geben Sie es auch an Ihre Freunde weiter!«

George Verwer, Gründer von *Operation Mobilisation*

»Das Lesen eines Buches von Randy Alcorn ist wie das Öffnen einer Schatztruhe. In diesem Buch werden Sie mit Gnade gewürzte Wahrheit entdecken, die vorzüglich serviert wird.«

Hank Hanegraaff, Moderator der Radiosendung *The Bible Answer Man* und Autor von *Dan Browns Sakrileg*

»Für all jene von uns, die sich wünschen, ganz praktisch und einfach das Wesentliche davon zu verstehen, was es heißt, wie Jesus zu sein, ist dieses Buch ein Muss.«

Joseph M. Stowell, Präsident des *Moody Bible Institute*

Randy Alcorn

... voller Gnade und Wahrheit

clv

Christliche Literatur-Verbreitung
Ravensberger Bleiche 6 · 33649 Bielefeld

Bibelzitate sind, wenn nicht anders vermerkt, aus der Revidierten Elberfelder Übersetzung.

1. Auflage 2006
2. Auflage 2020

Originaltitel: The Grace and Truth Paradox
Originalverlag: Multnomah Publishers, Inc., Sisters, Oregon (USA)

CLV · Christliche Literatur-Verbreitung
Ravensberger Bleiche 6 · 33649 Bielefeld
CLV im Internet: www.clv.de

Übersetzung: Andreas Albracht, Hagen
Umschlaggestaltung: Andreas Fett, Meinerzhagen
Satz: CLV
Druck und Bindung: GGP Media GmbH, Pößneck

Artikel-Nr. 255679
ISBN 978-3-89397-679-9

Inhaltsverzeichnis

Kapitel 1

Eine Zwei-Punkte-Checkliste für Christusähnlichkeit

Es war schon spät in einer regnerischen Nacht, als meine Frau Nanci und ich noch in der Stadt unterwegs waren. Da bemerkte Nanci plötzlich einen älteren Mann auf einem Parkplatz, der sich auf eine Krücke stützte und offensichtlich so seine Mühe hatte. Ich half ihm in sein Auto. Und da er ziemlich erschöpft war, fragte ich ihn, ob ich ihn nach Hause fahren könne.

Er lehnte ab, aber ich sagte ihm, dass wir ihm folgen würden, um zur Stelle zu sein, falls er doch noch unsere Hilfe benötigte. Als er die Parklücke, ziemlich unsicher fahrend, verließ, baten wir Gott darum, dass er die Straße nicht finden würde. Als er sich dann in einer schmalen Durchfahrt festgefahren hatte, wurde unser Gebet erhört. Ich öffnete seine Tür und bat ihn, sich auf den Beifahrersitz zu setzen, um ihn nach Hause fahren zu können, während Nanci uns in unserem Auto folgen würde.

Als ich gerade losfahren wollte, sprangen zwei Männer vor unser Auto, winkten mit ihren Armen und mit einem Handy. Einer von ihnen rief: »Meine Frau bekommt ein Kind, und ich muss ganz dringend nach Hause. Wäre es wohl möglich, dass Sie uns nach Hause fahren?«

»Nun«, sagte ich, »dies ist überhaupt nicht mein Auto, und der Mann, der neben mir sitzt, den kenne ich gar nicht.«

Eine ziemlich lahme Ausrede, finden Sie nicht auch?

Ich bat Nanci, in das Auto des älteren Mannes einzusteigen und mir damit zu folgen, während ich die beiden Typen nach Hause bringen würde (wo auch immer das sein mochte). Nachdem ich sie abgesetzt hatte, sprang ich zurück in Georges Auto – inzwischen kannte ich nämlich seinen Namen –, um ihn nach Hause zu fahren (wo auch immer das sein mochte). Als wir sein Zuhause erreicht hatten, half ich ihm in sein Zimmer.

Ich fand heraus, dass George 28 Jahre als Professor der Politikwissenschaften an der Staatlichen Universität San Francisco tätig gewesen war. Mir war klar, dass die meisten Menschen aus Georges Umfeld bibelgläubige Christen nicht gerade zu ihrem Freundeskreis zählten! George fragte mich, warum wir ihm denn eigentlich geholfen hätten – worauf ich ihm sagte, dass wir Christen seien. Außerdem gab ich ihm mein Buch *Der Himmel – Was uns dort wirklich erwartet*. Ich betete, dass Gott sein Leben verändern würde, und hoffte, dass wir den Rest der Geschichte in der Ewigkeit erfahren würden.

Wie sich allerdings herausstellen sollte, brauchten wir gar nicht so lange zu warten.

Zwei Monate später erwachte nämlich meine Assistentin Kathy mitten in der Nacht mit einem seltsamen medizinischen Problem, das sie niemals zuvor gehabt hatte und seitdem auch nie wieder bekommen hat. Am nächsten Tag suchte sie ihren Arzt auf und hatte ein Exemplar des Buches *Der Himmel – Was uns dort wirklich erwartet* bei sich. Als der Arzt das Buch sah, sagte er: »Vor einigen Tagen hatte bereits ein anderer meiner Patienten dieses Buch bei sich – und sagte mir, er wünschte, er könne einmal mit dem Verfasser des Buches reden.«

Als Kathy zurück in unser Büro kam, hatte sie Georges Telefonnummer.

Ich rief ihn an und fragte ihn, ob es ihm recht sei, wenn ich ihn einmal besuchen würde. Er willigte ein. George war voller Fragen. Er wollte die Wahrheit über Jesus Christus wissen. Er konnte den Gedanken der Gnade, dass Gott tatsächlich bereit sein sollte, verdorbenen Menschen zu vergeben, einfach nicht fassen. Er sagte, dass klänge ihm alles »zu einfach«.

Es folgte ein zweistündiges Gespräch. Und ich erlebte, wie Gottes Geist an George wirkte. Letzten Endes betete er zu Gott, bekannte Ihm seine Sünden und nahm das Geschenk Christi, das ewige Leben, an.

Wie hoch ist wohl die Wahrscheinlichkeit, dass all diese Ereignisse zusammentreffen?

Das ist vollkommen unwahrscheinlich – es handelte sich bei alledem ganz bestimmt um eine Reihe von göttlich gelenkten Umständen.

Ein bescheidener Gnadenakt von meiner Frau und mir bzw. zwei unbedeutende Handlungen, wenn man einmal die Fahrt zu der werdenden Mutter mitzählt, hinterließen irgendwie einen Eindruck bei George – und führten zudem dazu, dass er ein Buch in seine Hände bekam, das ihm die Wahrheit anbot.

Was George erlebte, womit er rang und was ihn letztlich zu Christus brachte, waren Gnade und Wahrheit.

Was verrät uns?

Ein Freund nahm einmal in einem kleinen Londoner Restaurant Platz und vertiefte sich in die Speisekarte.

»Was darf's denn sein?«, fragte der Kellner.

Die rätselhaften Bezeichnungen der Gerichte studierend, meinte mein Freund: »Uhh …«

Der Kellner lächelte: »Oh, ein Yankee (ein Nordamerikaner)! Aus welchem Teil der Vereinigten Staaten kommen Sie denn?«

Wenn er auch kein einziges Wort gesagt hatte, so hatte er sich doch bereits verraten.

So war das auch im ersten Jahrhundert mit den Nachfolgern Christi: Man erkannte sie sofort. Was war es denn, was sie verriet? Es waren nicht ihre Gebäude. Sie besaßen keine.

Nicht ihre Programme. Die hatten sie nicht.

Auch nicht ihre politische Macht. Denn sie besaßen keine.

Es waren auch nicht ihre Hochglanz-Magazine, Fernsehsender, Autoaufkleber oder Medien-Berühmtheiten. Denn sie hatten nichts von alledem.

Was war es dann?

> »Und mit großer Kraft legten die Apostel das Zeugnis von der Auferstehung des Herrn Jesus ab; und große Gnade war auf ihnen allen.«
>
> (Apg 4,33)

Sie gaben Zeugnis von der Wahrheit Christi und lebten aus Seiner Gnade. Wahrheit war die Nahrung, die sie zu sich nahmen, und die Botschaft, die sie weitergaben. Gnade war die Luft, die sie atmeten, und das Leben, das sie lebten.

Die Welt um sie herum hatte nie etwas Vergleichbares gesehen.

Und das gilt auch noch heute.

Die zwei Grundelemente

Die einzige »Gemeindewachstumsformel«, welche die frühe Gemeinde besaß, war der Leib der Wahrheit, der vom Blut der Gnade durchströmt wurde. Weil diese Menschen wie Jesus waren, zogen sie Tausende zu Ihm hin.

Was jedoch bedeutet »wie Jesus zu sein«? Wir könnten nun lange Listen mit all Seinen Charaktereigenschaften hervorholen. Doch je länger die Listen sind, desto weniger können wir in der Regel mit ihnen anfangen. (Ich kann nicht einmal mit drei Bällen jonglieren. Wie sollte ich es da mit Dutzenden können?)

Was jedoch, wenn man den Charakter Christi auf zwei Grundzüge reduzieren könnte?

Und genau das ist möglich:

> »Im Anfang war das Wort, und das Wort war bei Gott, und das Wort war Gott. … Und das Wort wurde Fleisch und wohnte unter uns, und wir haben Seine Herrlichkeit angeschaut, eine Herrlichkeit als eines Einziggeborenen vom Vater, *voller Gnade und Wahrheit.*«
>
> (Joh 1,1.14, Hervorhebung durch den Autor)

Jesus Christus ist voll von zwei Dingen: Gnade und Wahrheit.

Da steht nicht »voll von Geduld, Weisheit, Schönheit, Mitgefühl und Kreativität«. In der Aufzählung gibt es keine Kommas und nur ein Bindewort – Gnade *und* Wahrheit. Die Heilige Schrift fasst den Charakter Christi in einer Zwei-Punkte-Checkliste für Christusähnlichkeit zusammen.

Das Kind, das in einem Stall in Bethlehem geboren wurde, war niemand anders als der Schöpfer des Universums. Er schlug Sein Zelt auf dem einfachen Campingplatz unseres kleinen Planeten auf. Gottes Herrlichkeit wohnte nicht länger in einem Tempel aus Holz und Stein, sondern in Christus. Dieser war nun das Allerheiligste.

Als Er jedoch wieder hinaufstieg in die Weiten der blauen Himmel, da ließ Er Gottes Schechina-Herrlichkeit – jenes sichtbare Zeichen der Gegenwart Gottes – auf dieser Erde zurück. Und wir Christen wurden zu Seinen lebendigen Tempeln, zu dem neuen Allerheiligsten (1. Korinther 3,16-17; 6,19).

Alles, was die Menschen jener Zeit tun mussten, wenn sie wissen wollten, wie Gott wirklich ist, war, Jesus anzuschauen. *In gleicher Weise sollten auch die Menschen von heute lediglich uns anschauen müssen, um zu erkennen, wie Jesus ist.* Seien es nun unsere guten oder unsere schlechten Taten: Menschen werden einen Eindruck von Christus bekommen – aufgrund dessen, was sie an uns sehen. Wenn wir beim Gnaden-Test durchfallen, dann erweisen wir uns als nicht christusähnlich. Und auch wenn wir am Wahrheits-Test scheitern, besitzen wir keine Christusähnlichkeit. Wenn wir hingegen beide Prüfungen bestehen, dann entdecken die Menschen an uns eine Ähnlichkeit mit Jesus.

Eine nach Gnade und Wahrheit hungernde Welt

braucht den echten Jesus, der voller Gnade und Wahrheit ist.

Was nun sieht diese hungrige Welt, wenn sie uns anschaut?

Von Gnade überrascht

Die jüdische Kultur des 1. Jahrhunderts verstand Wahrheit weitaus besser als Gnade. Deshalb wird auch in Johannes 1,14 die Gnade zuerst erwähnt, weil sie einfach *überraschender* war.

Als Jesus die Weltbühne betrat, konnten die Menschen nicht nur die Forderungen der Wahrheit hören, sondern sie hatten die personifizierte Wahrheit vor Augen. Da war nicht länger ein kurzzeitiges Aufflackern von Gnade, sondern die Gnade selbst.

»Siehe, das Lamm Gottes, das die Sünde der Welt wegnimmt!« (Joh 1,29).

Als Gott an Mose vorüberging, bezeichnete Er sich selbst als »reich an Gnade und Treue« (2. Mose 34,6). (Bei dem Wort, das dort mit *Treue* übersetzt wird, handelt es sich um die hebräische Entsprechung von *Wahrheit.*)

Gnade ist ein angenehmes, wohlklingendes Wort. Sie fasziniert. Sie zieht an. Sie drängt. Sie überwältigt.

Doch Gnade überrascht auch. Es war, als ob Gott sagen wollte: »Von der Wahrheit habt ihr gehört. Sie wird an jedem Sabbat in den Synagogen gelehrt. Aber lasst Mich euch von der Gnade erzählen …«

Das Alte Testament lehrt die Furcht Gottes und stellt den Lesern die entsetzlichen Folgen vor Augen, die die Missachtung der Wahrheit mit sich bringt. Dort wird die Wahrheit als unbarmherzig dargestellt. Usa wurde allein für den Versuch, die Bundeslade mit seiner Hand festzuhalten, damit sie nicht vom Wagen herunterfiel, von Gott niedergestreckt, so dass er starb.

Sicherlich finden wir auch im Alten Testament Gnade – sogar reichlich davon –, sie wurde jedoch von der Wahrheit in den Schatten gestellt. Die Pharisäer, die selbst ernannten Hüter von Gottes Wahrheit, betonten niemals die Gnade.

Christi Zuhörer hatten im mosaischen Gesetz Wahrheit gesehen, aber es war Christus, der sie den ersten freien Blick auf die Gnade werfen ließ.

Das Gesetz konnte lediglich Sünde offenbar machen. Jesus jedoch konnte diese *hinwegnehmen.*

Einige der heutigen Gemeinden halten an der Wahrheit fest, könnten jedoch *eine starke Dosis Gnade* gebrauchen.

Wieder andere Gemeinden reden in einem fort von Gnade, bräuchten jedoch *eine starke Dosis Wahrheit.*

Vor einiger Zeit lud ich eine lesbische Aktivistin ein, mit mir zu Mittag zu essen. Während der ersten Stunde schlug sie mit ihren Worten auf mich ein, indem sie mir von all den Christen, von denen sie schlecht behandelt worden war, erzählte. Sie schien steinhart zu sein. Ich hörte ihr zu, versuchte ihr, Gottes Gnade zu zeigen, und betete darum, sie möge den Jesus sehen, den sie so dringend brauchte. Sie wurde laut und fluchte so sehr, dass die anderen Menschen um uns herum uns anstarrten. Das nahm ich jedoch in Kauf. Schließlich ging Jesus Christus für diese Frau ans Kreuz – das Mindeste, das ich tun konnte, war doch wohl, ihr zuzuhören.

Plötzlich begann sie zu weinen, ja sogar zu schluchzen. Sie war am Boden zerstört. Ich streckte meine Hand aus über den Tisch und fasste sie bei ihrer Hand. In den folgenden zwei Stunden hörte ich mir ihre Geschichte an, hörte von ihrer Mutlosigkeit und von ihren Zweifeln, die sie bezüglich der Dinge hatte, für die sie kämpfte. Und ich – ich erzählte ihr von der Gnade Christi.

Nach vier Stunden verließen wir dann Seite an Seite jenes Restaurant. Bei unserem Gespräch fiel weder die Wahrheit auf Kosten der Gnade, noch die Gnade auf Kosten der Wahrheit unter den Tisch.

Ein Vogel braucht zum Fliegen nun einmal zwei Flügel. Mit nur einem Flügel kann er sich nicht zum Himmel emporheben. Und so fliegt auch das Evangelium mit zwei Flügeln: dem Flügel der Gnade und dem Flügel der Wahrheit. Nicht nur mit einem, sondern mit beiden.

Das Gleichgewicht halten

Der scheinbare Konflikt zwischen Gnade und Wahrheit besteht nicht aufgrund ihrer Unvereinbarkeit, sondern ist in unserem Unvermögen begründet, ihn aufzulösen. Gnade und Wahrheit sind *voneinander abhängig*. Wir sollten uns niemals mit der Wahrheit beschäftigen außer im Geist der Gnade. Und wir sollten uns niemals mit der Gnade beschäftigen außer im Geist der Wahrheit. Jesus war nicht 50 Prozent Gnade und 50 Prozent Wahrheit, sondern 100 Prozent Gnade und 100 Prozent Wahrheit.

An der Wahrheit ausgerichtete Christen lieben die Beschäftigung mit Gottes Wort und mit theologischen Fragen, sind jedoch gelegentlich schnell bei der Hand, wenn es ums Richten geht, und langsam, wenn es ums Vergeben geht. Sie sind stark in Bezug auf die Wahrheit und schwach im Hinblick auf die Gnade.

Christen, die sich hingegen an der Gnade ausrichten, lieben Vergebung und Freiheit, doch vernachlässigen zuweilen das Bibelstudium und bezeichnen moralische Regeln als »Gesetzlichkeit«. Sie sind stark in Bezug auf die Gnade und schwach im Hinblick auf die Wahrheit.

Unzählige Fehler, die im Eheleben, in der Erziehung, in der Gemeinde und in anderen Bereichen gemacht werden, sind auf ein mangelndes Bemühen zurückzuführen, eine Ausgewogenheit zwischen Gnade und Wahrheit herzustellen. Manchmal vernachlässigen wir beides. Häufig ziehen wir das eine dem anderen vor.

In diesem Zusammenhang werde ich an Moses, unseren Dalmatiner, erinnert.

Immer, wenn sich ein Tennisball in seinem Maul befindet, liegt der andere auf dem Boden. Wenn er dann allerdings nach dem zweiten Ball schnappt, lässt er zuvor den ersten fallen. Große Hunde können zwei Bälle in ihr Maul bekommen. Doch Moses nicht. Es gelingt ihm lediglich für einen kurzen Augenblick, beide Bälle zugleich in seinem Maul zu behalten.

Denn dann springt zu seinem Kummer der eine oder der andere Ball erneut auf den Boden zurück.

In ähnlicher Weise scheint unsere verstandesmäßige Kapazität nicht groß genug zu sein, um gleichzeitig an Gnade *und* Wahrheit festzuhalten. Wir bemühen uns um den Gnadenball – nur um dann den Wahrheitsball wieder fallen zu lassen, um den nötigen Platz für den anderen zu schaffen. Und daher müssen wir, damit es uns gelingt, beides gleichzeitig festzuhalten, unseren allzu kleinen Verstand weiten.

Wir haben es hier nur mit einem *scheinbaren* Widerspruch zu tun. Gnade und Wahrheit sind nicht wirklich unvereinbar. Jesus schaltete nicht die Wahrheit ein und musste sie danach erst wieder ausschalten, um die Gnade einschalten zu können. Nein, in Jesus ist beides ohne Unterbrechung eingeschaltet. Und auch in uns sollte sowohl die Gnade als auch die Wahrheit zur selben Zeit aktiviert sein.

Was würde Jesus tun? Darauf gibt es immer wieder nur eine Antwort:

Er würde in Gnade und Wahrheit handeln.

Wahrheit ohne Gnade erzeugt eine selbstgerechte Gesetzlichkeit, welche die Gemeinde vergiftet und die Welt auf Abstand zu Christus hält.

Gnade ohne Wahrheit bewirkt eine moralische Gleichgültigkeit und verhindert, dass Menschen erkennen, dass sie Jesus Christus brauchen.

Versuche, das Evangelium durch eine Verkürzung der Wahrheit »weicher zu machen«, halten Menschen auf Distanz zu Jesus. Und auch alle Versuche, das Evangelium durch eine Verkürzung der Gnade »härter zu machen«, schaffen eine Kluft zwischen den Menschen und Jesus. Es reicht nicht aus, Gnade *oder* Wahrheit anzubieten.

Wir müssen beides tun.

Das soll das Thema dieses kleinen Buches sein.

Kapitel 2

Wesentlich und untrennbar

Die meisten Sünder mochten die Nähe Jesu. Sie erfreuten sich Seiner Gesellschaft, suchten Ihn auf und luden Ihn in ihre Häuser und zu ihren Festen ein. Heute hingegen suchen die meisten Sünder nicht die Nähe der Christen.

So deckten z. B. Menschen ein Dach ab, um zu Jesus zu gelangen. Heute steigen manche Menschen manchmal sogar aus dem Fenster, nur um uns zu entkommen!

Warum ist das so? Was gab Jesus ihnen, was wir ihnen nicht geben?

Gnade.

Die Menschen merkten, dass Jesus sie lieb hatte, selbst dann, wenn Er ihnen schwerwiegende und ernste Dinge zu sagen hatte. Er war voller Gnade *und* Wahrheit. Und so zog Er, wie das Licht die Motten anzieht, die Menschen aus der Finsternis zu sich hin.

In einigen Gemeinden sind die Gottesdienste nur so gespickt mit christlichen Floskeln, die die Ungläubigen verwirren. Niemand wird angezogen von unverständlichem Gerede. Gnade zwingt uns dazu, die Köstlichkeiten der Wahrheit auf einem niedrigeren Regal abzulegen, damit sie sich in Reichweite der

Kinder im Glauben bzw. der Unkundigen befinden, so dass diese zugreifen können.

Jesus hieß die Nichtreligiösen herzlich willkommen und gebrauchte Wörter, die sie verstehen konnten. Genau das sollten auch wir tun.

Andere Gemeinden sind darum bestrebt, dass sich Sünder in ihnen wohlfühlen.

Und wie machen sie das? Indem sie niemals über Sünde sprechen, damit sie nur niemanden abstoßen. Sie ersetzen Wahrheit durch Toleranz, senken die Messlatte so weit herab, dass zum einen jeder in der Lage ist, diese zu überspringen, und zum anderen sich jeder wohlfühlen kann, wenn er über sich selbst nachdenkt.

Jesus sagte jedoch: »Ein Sklave ist nicht größer als sein Herr. Wenn sie mich verfolgt haben, werden sie auch euch verfolgen …« (Joh 15,20).

Wenn alle Nichtchristen uns hassen, läuft etwas gründlich falsch.

Und wenn alle Nichtchristen uns lieben, läuft etwas gründlich falsch.

Denn wenn wir in ausgewogener Weise von Gnade *und* Wahrheit Zeugnis ablegen, dann werden einige davon angezogen werden, andere hingegen daran Anstoß nehmen – so wie das auch bei Jesus war.

Wenn sich alle an uns stoßen, so liegt das daran, dass wir den Mantel der Wahrheit ohne Gnade angezogen haben. Wenn sich niemand an uns stößt, so ist es deshalb, weil wir die Wahrheit im Namen der Gnade verwässert haben.

Im Sattel bleiben

Ein Musikinstrument mit verstimmten Saiten klingt einfach nur furchtbar. Sind jedoch die Saiten zu straff gespannt, dann reißen sie oder es entsteht ein Missklang. So müssen auch Gnade und Wahrheit ganz exakt aufeinander abgestimmt sein, damit der volle Klang des Evangeliums ertönen kann.

Martin Luther sagte, es sei dem Teufel egal, auf welcher Seite wir vom Pferd fielen – solange wir nur nicht im Sattel blieben.

Daher müssen wir auf dem Pferd reiten, mit dem einen Fuß im Steigbügel der Wahrheit und dem anderen im Steigbügel der Gnade.

In der Geschichte *Der König von Narnia* befragt Suse Herrn und Frau Biber über Aslan, den Löwen:

> »Ist man dann auch sicher vor ihm? Vor einem Löwen habe ich Angst.«
>
> »Das macht nichts, mein Kind, du sollst auch Angst haben«, sagte die Biberin. »Wenn jemand vor Aslan erscheint, ohne dass ihm die Knie zittern, dann ist er entweder unerhört mutig oder bloß ein Narr.«

»Dann ist man also doch nicht sicher vor ihm?«, meinte Lucy.

»Sicher?«, wiederholte der Herr Biber. »Ja, hast du denn nicht gehört, was meine Frau sagte? Wer hat denn von sicher geredet? Natürlich, man ist nicht sicher vor ihm, aber er ist gut, und er ist der König.«[1]

Christus ist gut. Solange wir jedoch nicht verstehen, dass Er nicht »ungefährlich« ist, solange wir die Wahrheit von Seiner kompromisslosen Heiligkeit nicht erfassen, werden wir niemals anfangen, Seine Gnade zu verstehen.

Viele versuchen heute, Jesus umzudefinieren, an Ihm sozusagen »kosmetische Korrekturen« vorzunehmen. Sie biegen Seine Aussagen so zurecht, dass die Allgemeinheit daran keinen Anstoß nimmt und Er mit den gängigen Vorstellungen übereinstimmt – wie der Christus, den die Menschen wollen, nun einmal zu sein hat. Jesus ist jedoch notorisch unkooperativ bezüglich aller Versuche, Ihn in ein neues Gewand hineinzuzwängen, Ihn zu vermarkten. Er ist nicht auf der Suche nach Menschen, die Sein Image aufpolieren möchten. Unsere Berufung besteht nicht darin, vor Ihm als Sein Team für Öffentlichkeitsarbeit herzurennen, sondern darin, Ihm als Seine Diener nachzufolgen.

Als Jesus über diese Erde ging, wurde Er von vielen nicht erkannt. Sie hielten Ausschau nach dem Messias, einem mächtigen Löwen, der Seine Feinde richten würde. Aber sie übersahen die Bibelstellen, die ganz deutlich aufzeigen, dass Er als ein Lamm kommen würde:

> »Er wurde misshandelt, aber er beugte sich und tat seinen Mund nicht auf wie das Lamm, das zur Schlachtung geführt wird und wie ein Schaf, das stumm ist vor seinen Scherern; und er tat seinen Mund nicht auf.«
>
> (Jesaja 53,7)

Wenn das Lamm gesehen wird, so sieht es aus »wie geschlachtet« (Offenbarung 5,6). Dies scheint ein Bild der Schwachheit zu sein. Doch dann mit einem Mal verbergen sich die Menschen vor dem »Zorn des Lammes« (6,16). Sie »werden mit dem Lamm Krieg führen, und das Lamm wird sie überwinden; denn es ist Herr der Herren und König der Könige …« (17,14).

Am Ende von C.S. Lewis' Geschichte *Die Reise auf der Morgenröte* sehen die Kinder ein strahlend weißes Lamm, das eine »sanfte Stimme« hat. Als sie miteinander reden, »verwandelte sich das schneeweiße Fell des Lammes in gelbbraunes Gold. Das Lamm wurde größer und größer, und es war Aslan selbst, der über ihnen thronte und aus dessen Mähne Licht fiel.«[2]

Das Lamm der Gnade ist der Löwe der Wahrheit.

Manchmal sehen wir Ihn als das eine, dann wieder als den anderen.

Immer ist Er jedoch beides zugleich.

Geistliche Symmetrie

Die Doppelhelix der DNS befindet sich im völligen Gleichgewicht im Zentrum des Lebens. Die beiden Fäden der DNS sind umeinander gewickelt und bilden eine symmetrische Achse. Diese beiden in entgegengesetzter Richtung verlaufenden Fäden ermöglichen eine völlige gegenseitige Korrektur.

Gnade und Wahrheit sind die geistliche DNS, die Bausteine eines christuszentrierten Lebens. Diese beiden sich einander ergänzenden Fäden bilden ein geistliches Gleichgewicht und eine vollkommene Stabilität. Und obwohl die Fäden in entgegengesetzte Richtungen verlaufen, harmonieren sie doch in vollendeter Weise miteinander.

Ohne diese beiden Fäden könnten wir nicht einwandfrei funktionieren.

Die Schwierigkeit besteht im Finden des nötigen Gleichgewichts. Und das ist nicht immer leicht. Glauben Sie mir – ich weiß, wovon ich rede.

1989 und 1990 habe ich im Namen ungeborener Kinder friedlich und gewaltlos an Abtreibungskliniken demonstriert. Wegen dieser Aktionen wurde ich einige Male verhaftet und musste für ein paar Tage ins Gefängnis.

Ich bedauere nicht, was ich damals getan habe; denn ich glaube noch immer, dass ungeborene Kinder ausnehmend wertvoll für ihren Schöpfer sind. Diese Wahrheit zwang mich dazu, Dinge zu sagen und zu tun, die – bei Nichtchristen und auch bei Christen – unpopulär waren. Was mich in Schwierigkeiten brachte, war der Versuch, sowohl der Wahrheit als auch der Gnade Genüge zu tun.

Ich fragte mich: Wenn dies wirklich Kinder sind – nicht einfach nur *potenzielle* Kinder –, muss es dann nicht Menschen geben, die für jene sprechen, die nicht sprechen können, und die Rechte des Elenden und Armen vertreten (vgl. Sprüche 31,8-9)?

Ich war mir meiner Verantwortung den Ungläubigen gegenüber bewusst, die Gnade Christi auszudrücken: Ich habe zu keiner Zeit geschrien, andere lächerlich gemacht oder jemanden erniedrigt, bin niemals laut geworden, habe niemanden tätlich angegriffen bzw. irgendetwas Unfreundliches gesagt. Zusammen mit anderen versuchte ich lediglich, an den Abtreibungskliniken die Gnade Christi zu zeigen. (Und dort, außerhalb der Kliniktüren, fand eine Person zu Christus.)

Vor ein paar Jahren wurde die Gemeinde, in der ich Pastor war (und die ich noch immer besuche), von 30 Demonstranten blockiert. Was war der Grund dafür? Einige unserer Gemeindeglieder gehen zu Abtreibungskliniken, bieten Alternativen an und geben das Evangelium weiter, wo immer sich eine Möglichkeit dazu bietet. Manchmal halten sie Plakate in die Höhe, auf denen zum Beispiel steht: »Erwägen Sie eine Adoption!«, »Lassen Sie Ihr Kind leben!« oder »Wir werden finanziell weiterhelfen!«

Drei Gruppen von Abtreibungsbefürwortern entschlossen sich dazu, ihre Kräfte zu bündeln und uns als Gemeinde »eine Dosis unserer eigenen Medizin zu verabreichen«. Und so wurde an einem regnerischen Sonntagmorgen unser Gemeindeparkplatz von den Gruppen *Radical Women for Choice* (»Radikale Frauen für Selbstbestimmung«), *Rock for Choice* (»Rock für Selbstbestimmung«) und *Lesbian Avengers* (»Lesbische Rächer«) heimgesucht. Nachdem wir gehört hatten, dass sie die Absicht hatten, uns einen Besuch abzustatten, besorgten wir Berliner und Kaffee.

Ich verbrachte zum Beispiel anderthalb Stunden mit einem Demonstranten namens Charles. Er hatte ein Plakat, auf dem es hieß: »Abtreibung muss legal bleiben.«

Wir sprachen ein wenig über Abtreibung und viel über Christus. Ich erklärte ihm das Evangelium, und er gab mir seine Adresse. Später sandte ich ihm dann einige meiner Bücher und andere christliche Literatur zu.

Ich mochte Charles. Wenn man jedoch der festen Überzeugung ist – wie ich das bin –, dass Abtreibung nichts anderes als die Tötung von Kindern bedeutet, so erscheint es etwas problematisch, einem Menschen, der ein Pro-Abtreibungsplakat in die Höhe streckt, Kaffee einzuschütten und ihm außerdem noch einen Regenschirm zu halten. Sollten Sie das nicht so ganz verstehen, dann stellen Sie sich einmal vor, Sie würden jemanden mit einem Plakat, auf dem »Legalisiert Vergewaltigung!« oder »Tötet Ausländer!« zu lesen wäre, auf diese Art und Weise behandeln.

Und doch erschien es uns aufgrund der Gelegenheit, Menschen etwas von der Gnade Christi zu zeigen, angebracht.

Aber es ist nicht allein die Wahrheit, die uns in unangenehme Situationen bringen kann. Das kann auch die Gnade. An jenem Morgen, als uns die Demonstranten blockierten, erschienen auch einige Straßenprediger mit Plakaten, die sich der Abtreibungsaktivisten annahmen, indem sie diese lauthals verdammten. Ihre Botschaft enthielt zwar Wahrheit, aber ihrer Vorgehensweise mangelte es an Gnade. Einer der Straßenprediger schob sich zwischen meine Tochter und mich und einigen von den

Lesbian Avengers, und das gerade in dem Augenblick, als sich uns endlich die Gelegenheit zu einem Gespräch bot. Die Tür zum Zeugnis wurde buchstäblich in unsere Gesichter geschlagen … und das von Christen.

Wir versuchten auf vernünftige Art und Weise mit den Straßenpredigern zu reden. Immerhin war dies nicht ihre Gemeinde, und wir wollten auch nicht, dass sie unsere »Gäste« anschrien – selbst dann nicht, wenn es die Wahrheit war, die sie herausbrüllten. Die meisten sahen dies ein, für einige bedeutete diese ganze Angelegenheit jedoch ein Aufweichen der Wahrheit, und es kam ihnen einer Schandtat gleich, solchen Menschen, die unsere Zurechtweisung hätten bekommen müssen, auch noch Berliner anzubieten.

Am Sonntag darauf blockierten dann zwei von diesen Straßenpredigern die Gemeinde und tadelten uns wegen unseres »erbärmlichen« Versuchs der Berliner- und Kaffee-Evangelisation.

Und so wurde unsere Gemeinde, nach 21 demonstrationsfreien Jahren, zwei Wochen nacheinander durch Demonstrierende blockiert! Zuerst durch extrem liberale Ungläubige – weil wir für die Wahrheit eintraten. Und dann von extrem konservativen Gläubigen – weil wir Gnade zeigten.

So ist das bei dem Drahtseilakt zwischen Wahrheit und Gnade. Wenn man sich für die Wahrheit einsetzt, wird man dafür von einigen Nichtchristen (ja sogar von einigen Christen) gehasst werden. Und wenn man versucht, Gnade zu zeigen, wird man dafür von einigen Christen (ja sogar von einigen Nichtchristen) verachtet werden. Wenn man den Versuch unternimmt, der Gnade und der Wahrheit gemäß zu leben, wird man in den Augen einiger zu extrem und in den Augen anderer nicht extrem genug sein.

Einige Menschen hassen die Wahrheit. Wieder andere hassen die Gnade. Jesus liebt beides. Wir können keines von beidem falsch darstellen, ohne zugleich auch Ihn falsch darzustellen.

Und so haben wir die Wahl. Wollen wir unser Leben damit verbringen, den Gnadenhassern bzw. den Wahrheitshassern zu gefallen? Oder wollen wir den Versuch unternehmen, in den Augen des Einen wohlgefällig zu sein, vor dessen Richterstuhl wir stehen werden: Jesus, der voller Gnade und Wahrheit ist?

Kapitel 3

Was ist Gnade?

Nanci und ich verbrachten mit Phil und Margaret Holder einen unvergesslichen Tag in England. Margaret wurde in China geboren. Ihre Eltern waren Missionare der China-Inland-Mission. 1939, als Japan die Herrschaft über das östliche China übernahm, kam die damals 13-jährige Margaret in ein japanisches Internierungslager. Dort blieb sie, von ihren Eltern getrennt, sechs Jahre lang.

Margaret erzählte uns von einem gottesfürchtigen Mann namens »Onkel Eric«. Sie erhielt von ihm Unterricht, und er wurde von allen Kindern im Lager sehr gemocht. Wir waren erstaunt, als wir herausfanden, dass dieser »Onkel Eric« niemand anders als Eric Liddell war, »der fliegende Schotte«, dessen Leben in *Die Stunde des Siegers* verfilmt wurde. Liddell setzte die Welt in Erstaunen, weil er sich weigerte, die 100 Meter bei den Olympischen Spielen 1924 in Paris zu laufen – ein Rennen, für das er als Favorit galt. Doch er trat nicht an, weil die Qualifikationsläufe an einem Sonntag stattfanden.

Und dennoch gewann Liddell beim Lauf über 400 Meter – nicht seine stärkste Disziplin – eine Goldmedaille, ja, er stellte sogar einen Weltrekord auf. Später ging er dann als Missionar nach China.

Als der Krieg ausbrach, sorgte er dafür, dass seine schwangere Ehefrau und seine Töchter in Sicherheit kamen. Von den Japanern inhaftiert, sollte er auf dieser Erde seine Familie nie wieder sehen. Eric Liddell, der an einem Gehirntumor litt, starb im Jahr 1945, kurz nach seinem 43. Geburtstag.

Margaret berichtete uns unter Tränen davon: »Es war ein kalter Februartag, als Onkel Eric starb.«

Zuweilen schien ihr das Abgeschnittensein von ihrem Zuhause und ihrer Familie unerträglich. Aber Margaret sprach freudig von den »CARE-Paketen, die vom Himmel herabfielen« – Behälter mit Nahrungsmitteln, die aus amerikanischen Flugzeugen abgeworfen wurden.

Eines Tages wurden Margaret und die anderen Kinder wie gewöhnlich in einer Reihe aufgestellt, um unter Namensaufruf abgezählt zu werden, als sich plötzlich eine US-Maschine im Tiefflug näherte. Sie sahen, wie das Flugzeug seine Kreise zog und weitere von diesen wunderbaren Nahrungsmittelbündeln fallen ließ. Als sich jedoch jene Behälter dem Boden näherten, merkten die Gefangenen, dass an jenem Tag, im Gegensatz zu den vorigen Malen, etwas anders war. Mit hell strahlenden Augen berichtete uns Margaret davon: »Diesmal hatten die Container Beine!« Der Himmel war voll von amerikanischen Soldaten, welche mit Fallschirmen absprangen, um sie zu befreien.

Margaret und Hunderte anderer Kinder beeilten

sich, an den japanischen Wachen vorbei, die keinerlei Widerstand leisteten, das Lager zu verlassen. Zum ersten Mal seit sechs Jahren wieder in Freiheit, liefen sie den Soldaten entgegen, die überall vom Himmel herunterregneten. Sie warfen sich an ihre Erretter, umarmten und küssten sie.

Stellen Sie sich einmal die Freude der Kinder – und auch der Soldaten – vor.

Gott freut sich so sehr an der Gnade, die Er uns anbietet, wie wir uns darüber freuen, diese zu erhalten. Ob Er nun vom Himmel herniederkommen wird, um uns zu befreien, oder ob Er uns durch unseren Tod zu sich zieht: In jedem Fall werden wir befreit und endlich wieder mit den Geliebten vereint werden, die uns bereits vorausgegangen sind. Wir werden nach Hause gebracht werden.

Der enorme Preis der Gnade

Von den Pharisäern gehetzt, von einem Freund verraten, von Seinen Jüngern verlassen, von Soldaten brutal behandelt, von Seinen Inquisitoren geschlagen und in Schande zu einem Scheinprozess geführt.

Arrogante Männer, die über Ihn zu Gericht sitzen, Ihn mit Dornen krönen, Ihn verspotten und verachten, Ihn ohne Barmherzigkeit schlagen, Ihn an ein Kreuz, das schlimmste aller Folterinstrumente, nageln – Seine Arme ausgestreckt zwischen zwei Räubern.

Elend und durstig, zum ersten Mal verlassen von Gott – das Bild völliger Einsamkeit.

Die Hölle auf Erden! Nicht allein die Hölle eines Einzigen, sondern die Hölle von Milliarden von Menschen.

Die ganze Zeit besaß Er die Macht, im Bruchteil einer Sekunde, Legionen von Engeln zu Seiner Befreiung und zur Vernichtung Seiner Feinde herbeizurufen.

Doch stattdessen trug Er für immer die Narben von Sünde, Rebellion, Spott und Hass ... die Narben der Gnade Gottes.

Der Preis der Erlösung kann nicht hoch genug veranschlagt werden, und die Wunder der Gnade können nicht überbetont werden. Christus »ging durch die Hölle« (genauer: ins Gericht Gottes), die Er nicht verdiente, damit wir unverdientermaßen in den Himmel kommen können.

Wenn der Gedanke der Gnade Sie nicht sprachlos werden lässt, dann begreifen Sie noch nicht, was die Gnade Ihnen anbietet bzw. was sie Jesus gekostet hat.

1987 fiel das 18 Monate alte »Baby Jessica« im US-Staat Texas in einen ca. 6,5 Meter tiefen Brunnen. Ihre Retter arbeiteten ohne Unterbrechung an ihrer Bergung. Nach 55 zermürbenden Stunden, in denen sich das Leben des Babys in der Schwebe befand, erreichten sie es schließlich und konnten es lebend aus dem Brunnen herausholen. Die ganze Nation atmete vor Erleichterung auf und jubelte den Helden zu.

Die Geschichte lautete *nicht* etwa: »Jessica zog sich mit ihrem 18 Monate jungen Körper an einer Seite des ca. 6,5 Meter tiefen Brunnens hinauf; Zentimeter um Zentimeter gruben sich ihre kleinen Zehen in den Boden ein und arbeiteten sich nach oben. Sie ist ein Held, diese kleine Jessica!«

Nein, sondern Jessica war vollkommen hilflos. Sie konnte absolut nichts zu ihrer eigenen Errettung tun. Ihr Schicksal befand sich vollkommen in den Händen ihrer Befreier. Sich selbst überlassen, hatte Jessica keinerlei Chance. So ist es auch mit uns: Wir sind in Bezug auf unsere eigene Errettung ebenfalls vollkommen hilflos. All das ist Gnade: »Christus ist, als wir noch kraftlos waren, zur bestimmten Zeit für Gottlose gestorben« (Römer 5,6).

Wir bekommen ebenso wenig Beifall für unsere Errettung, wie Jessica für ihre Rettung bekam. Gott allein gebührt unser Lob und unsere Anbetung. In Bezug auf die Erlösung ist Er der alleinige Held. Es kostete Ihn nicht nur 55 Stunden harte Arbeit – nein, es kostete Ihn alles.

Vielleicht möchten Sie Ihm in diesem Augenblick einmal dafür danken!

Ein Schuft wie *wer*?

Bevor ich einmal auf einer Konferenz sprach, sang eine Solistin das Lied »Amazing Grace« (deutsch: »O Gnade Gottes wunderbar«), eines meiner Lieblingslieder.

Es war einfach atemberaubend schön. Bis sie beim zehnten Wort ankam.

»Amazing grace! How sweet the sound, that saved a *soul* like me!« (deutsch: »O große Gnade, welch ein Klang, 'ne *Seel'* wie mich erlöst!«)

Ich war tief erschüttert. Denn man hatte das Wort *wretch* (»Schuft«) ganz einfach durch *soul* (»Seele«) ersetzt! Ich musste an den Autoren dieses Liedes, John Newton, denken, jenen Ex-Sklavenhändler, der sich der abscheulichsten Sünden schuldig gemacht hatte und sich über die Tatsache, ein Schuft zu sein, voll und ganz im Klaren war. Und genau das ist es ja, was Gottes Gnade so »überaus erstaunlich« macht – so überwältigend, so niederschmetternd und Ehrfurcht gebietend.

Wenn wir nichts weiter als moralisch neutrale »Seelen« wären – bitte bedenken Sie, was das bedeuten würde! Es würde die Gnade gering machen. Je besser wir sind, desto weniger benötigen wir Gnade. Und umso weniger erstaunlich wird sie für uns. (Ändern wir doch die »Baby-Jessica«-Geschichte einmal etwas ab und ersetzen Jessica durch Osama bin Laden. Dann haben wir eine bessere Illustration von der Erlösung.)

Die Bibel macht eine erstaunliche Aussage: »Gott aber erweist seine Liebe zu uns darin, dass Christus, als wir noch Sünder waren, für uns gestorben ist« (Römer 5,8).

Wenn man das Wort Schuft *aus dem Lied herausstreicht, dann macht man damit die Gnade kleiner.* Dann reduziert man sie auf etwas, das verständlicher und weniger überraschend ist. Wenn wir ohne Christus gar nicht so schlecht waren, warum musste Er dann überhaupt das Kreuz erdulden? Paulus macht deutlich, dass »Christus umsonst gestorben« wäre, wenn die Menschen ohnehin gut genug wären (Galater 2,21).

Gnade übersieht niemals die überaus unangenehme Tatsache unserer tiefen Verdorbenheit. Im Gegenteil: Sie unterstreicht diese.

Je mehr wir uns darüber im Klaren sind, wie schlecht wir in Wahrheit sind, desto größer wird uns die Gnade Gottes werden.

Bei der Gnade geht es nicht darum, dass Gott Seine Grundsätze herabsetzt. Sondern es geht um die Erfüllung jener Grundsätze durch das stellvertretende Leiden dessen, der die Grundsätze aufgestellt hat. Christus ging ans Kreuz, weil Er die Wahrheit Seiner Heiligkeit und unserer Sünde nicht ignorieren wollte. Die Gnade übersieht bzw. verletzt niemals die Wahrheit. Die Gnade bezahlte, was die Wahrheit forderte: das höchstmögliche Opfer für unsere Sünden.

Für einige mag die Lehre von der Verderbtheit des Menschen eine anstößige Lehre sein. Wenn man sie jedoch bejaht, geschieht Befreiung. Warum? Wenn ich erkenne, dass das Beste, was ich ohne Gott tun kann, wie ein »beflecktes Kleid« in Seinen Augen ist (Jesaja 64,5), dann wird mir schließlich bewusst, dass ich vor Gott nichts vorweisen kann. Damit wird Sein Werk, und nicht meine Werke, zur alleinigen Grundlage meines Seelenheils.

Letztendlich waren Sie (bzw. sind Sie noch immer – falls Sie Ihn noch nicht kennen) und ich nicht einfach nur krank in unseren Sünden; sondern *tot* in unseren Vergehungen und Sünden (Epheser 2,1-3). Das bedeutet, dass ich nicht einfach nur des Heils unwürdig bin, sondern dass es mir vollkommen unmöglich ist, mir das Heil zu verdienen. Denn Leichen können sich nun einmal aus eigener Kraft nicht aus dem Grab erheben.

Welch eine Erleichterung, wenn man dann erkennen darf, dass die Errettung nicht durch gute Werke erarbeitet werden kann – und man sie daher auch nicht durch böse Werke verlieren kann.

Wenn wir Gott so sehen, wie Er tatsächlich ist, und uns selbst so sehen, wie wir wirklich sind, dann bleibt nur eine angemessene Reaktion – und die ist: Ihn anzubeten.

Ich hörte einmal, wie jemand sagte: »Nur der Bescheidene ist vernünftig!« Dem kann ich nur voll und ganz zustimmen. Demut bedeutet nicht, den Anschein von Unwürdigkeit zu erwecken, weil dies zu tun als geistlich angesehen wird, sondern es bedeutet anzuerkennen, dass wir unwürdig sind, *weil das schlicht und einfach die Wahrheit ist.*

Gnade und Dankbarkeit

»… wer hat ihm vorher gegeben, und es wird ihm vergolten werden?« (Römer 11,35). Die Antwort lautet: *Niemand.*

Unsere Gesellschaft ist von einem ekelhaften Geist der Unzufriedenheit geprägt.

Wir sind ständig der Meinung, wir hätten mehr verdient. Wir sind enttäuscht von unserer Familie, unseren Nachbarn, der Gemeinde, der Kellnerin, dem Verkäufer und dem Straßenverkehrsamt. Und letztlich sind wir von Gott enttäuscht, denn Er ist ja derjenige, der uns nicht all unsere Wünsche erfüllt hat.

Welch ein Wahnsinn! Wenn wir nur unsere Situation einmal ganz deutlich vor Augen hätten – nur für einen einzigen Augenblick! Wir haben die Verbannung verdient – und Er verleiht uns die Würde eines

Ehrenbürgers. Wir haben den elektrischen Stuhl verdient – und Er bekennt sich in aller Öffentlichkeit zu uns. Sollte da etwas anderes denkbar sein als unsere tiefste Dankbarkeit? Er schuldet uns nichts. Wir verdanken Ihm alles. Wenn man sich darüber erst einmal klar wird, dass man nichts weniger als die Hölle verdient hat, dann sollte doch wohl ein so genannter »schlechter Tag« im rechten Licht erscheinen.

Die Christen im Sudan – die unbeschreiblich für ihren Glauben gelitten haben – sind tief dankbar für die tagtäglichen Segnungen Gottes. Und was tun wir? Wir jammern und schmollen.

Dankbarkeit sollte ein deutlich erkennbares Unterscheidungsmerkmal zwischen uns und einer christuslosen Welt sein. Wenn uns derselbe Geist der Unzufriedenheit und der Undankbarkeit charakterisiert, von dem unsere Gesellschaft so geprägt ist, was haben wir dann anzubieten?

Wenn ich begreife, dass ich die Hölle verdient habe, dann werde ich mit Dankbarkeit erfüllt sein, nicht allein für Gottes gewaltige Segnungen – einschließlich meiner Erlösung und meiner himmlischen Heimat –, sondern auch für die »kleineren« Segnungen Gottes: Sonne, Regen, ein gesundes Herz, Augen, die sehen können, Beine, die gehen können, und ein Gehirn, das denken kann.

Und selbst dann, wenn ich all das *nicht* hätte, so

möchte ich mich doch von dem Wissen überwältigen lassen, dass ich so viele andere Dinge besitze, die ich ebenso wenig verdient habe. Und dass ich, weil Christus bereit war, sich von dem Gewicht meiner Sünde erdrücken zu lassen, in Ewigkeit einen gesunden Geist und einen vollkommenen Körper besitzen werde.

Stellen Sie sich einen mächtigen und großmütigen König vor. Mitten in seiner wohlwollenden Regierungszeit berichtet man ihm, dass sich seine Untertanen gegen ihn empört haben. Um die Angelegenheit zu untersuchen, entsendet er Boten, die von den Rebellen umgebracht werden. Schließlich entsendet er seinen eigenen, geliebten Sohn, den Prinzen. Auch diesen ermorden sie auf bestialische Art und Weise und hängen seinen Körper an die Stadtmauer.

Was meinen Sie: Was wird der König wohl als Nächstes tun? Sein Heer aussenden und Rache üben, nicht wahr? *Er wird jene Rebellen töten! Er wird ihre Dörfer einäschern!* Denn jener König hat ganz gewiss sowohl die Macht als auch das Recht, an seinen Feinden Rache zu üben.

Doch was, wenn dieser König genau dies nicht tut und jene Verbrecher begnadigt?

»Ich werde meinen Sohn – den ihr ermordet habt – als die Vergeltung für all eure Auflehnung akzeptieren. Ihr könnt frei ausgehen. Alles, wozu ich euch auffordere, ist, dass ihr eure Vergehungen bekennt und den durch meinen Sohn geschehenen Loskauf zu eurer Versöhnung annehmt.«

Wir wären sicherlich vollkommen sprachlos, dieses Angebot würde uns umhauen. Oder etwa nicht?

Doch halt, denn jener König ist noch gar nicht fertig:

»Ich lade jeden von euch ein, in meinen Palast zu kommen, um dort zu wohnen, an meinem Tisch zu essen und alle Freuden meines Königreiches zu genießen. Außerdem bin ich bereit, euch zu adoptieren, euch zu meinen Kindern und zu meinen Erben zu machen, so dass alles, was mein ist, euer sein wird – und zwar auf immer und ewig.«

Unfassbar.

Und dann fügt er noch hinzu: »Ich werde niemanden von euch dazu zwingen, mein Angebot anzunehmen. Doch wenn ihr es ausschlagt, bleibt für euch nur eine einzige Alternative, und die ist: dass ihr den Rest eures Lebens im Gefängnis verbringen werdet. Ihr habt die Wahl.«

Man sollte es nicht meinen, aber da ist einer, der erwidert: »Wie kann es der König *wagen*, auch nur irgendeinen von uns ins Gefängnis zu werfen? Was für ein grausamer Tyrann!«

Das ist Gottes Gnade für uns. Strengen wir unser Gehirn in dem Versuch, die Gnade zu erfassen, gar nicht erst an, wir können dies ohnehin nicht.

Weil Gnade uns so unbegreiflich ist, machen wir uns, damit wir eine nicht allzu schlechte Figur machen und damit uns Gottes Angebot nicht zu unlogisch erscheint, in unbefugter Weise an ihren Bedingungen zu schaffen. Und wenn wir dann mit dem Zurechtstutzen des Evangeliums fertig sind, sind wir nicht länger unwürdig und kraftlos, sondern lediglich »in die Irre geleitete Seelen«. Wir sind nicht länger Schurken. Und Gnade ist nicht länger Gnade.

Das Schlimmste, was wir anderen Menschen vermitteln können, ist, dass sie auch ohne Jesus gut seien. Tatsache ist jedoch, dass Gott guten Menschen genauso wenig Gnade anbietet wie ein Arzt einem gesunden Menschen eine lebenserhaltende Operation. Jesus sagte: »Nicht die Gesunden brauchen einen Arzt, sondern die Kranken; ich bin nicht gekommen, Gerechte zu rufen, sondern Sünder zur Buße« (Lukas 5,31-32).

Glauben Sie niemals im Hinblick auf sich selbst oder Gott an etwas, wodurch Seine Gnade für Sie weniger als erstaunlich wird!

Denn genau das ist es, was Gnade ist: erstaunlich!

Kapitel 4

Was ist Wahrheit?

Marty, ein Geschäftsmann, der zu unserem Hausbibelkreis kommt, berichtete uns darüber, wie sein Chef den Kunden Versprechungen machte, welche die Firma nicht halten konnte. Unser Bibelkreis riet ihm, er solle seinen Chef mit dieser Problematik konfrontieren. Und wenn der Mann nicht bereit sei, seine Geschäftsethik zu ändern, dann solle Marty kündigen.

Es schien etwas gewagt, Marty dazu zu ermuntern, für die Wahrheit Position zu beziehen. Denn schließlich war er, obwohl ein netter Kerl, doch kein Christ. Wir könnten etwa folgendermaßen argumentieren: »Wir sollten Marty nicht zur Wahrheit drängen. Er muss einfach nur von der Gnade hören.«

Am nächsten Tag rief Marty mich an: »Bei dem, was im Bibelkreis gesagt wurde, ist mir klar geworden, dass ihr etwas habt, was ich wirklich brauche.« Und so trafen wir uns zum Mittagessen. Ich sprach mit ihm über den Einen, der voller Gnade und Wahrheit ist. Wir beteten miteinander, Marty bereute seine Sünden und übergab dort in jenem Restaurant sein Leben Jesus Christus.

Gott gebrauchte die überzeugende Kraft der christlichen Wahrheit, die auf gnädige Art und Weise von den Teilnehmern unseres Bibelkreises vermittelt wurde. Marty wurde von der Wahrheit zur Gnade geführt.

Die Leitplanken der Wahrheit

Gottgefälliges Leben hat nicht die Dinge, die man meiden sollte, als Mittelpunkt, sondern die Person, an der wir festhalten. Immer wenn wir mehr über das *Du sollst* ... bzw. das *Du sollst nicht* ... reden als über Jesus Christus, dann stimmt etwas nicht.

Denn das Leben als Christ besteht aus weit mehr als nur aus Sündenmanagement.

Verhaltensänderung, die nicht von Gottes herzensverändernder Gnade gespeist wird, ist Selbstgerechtigkeit, die ebenso widerlich für Gott ist wie die schlimmsten Sünden, über welche die Leute so gerne tratschen. Kinder, die mit gnadenloser Wahrheit aufgewachsen sind, werden zum einen von Selbstgerechtigkeit abgestoßen und zum anderen von dem clever vermarkteten Gnaden-Ersatz der Welt angezogen.

Die niedrigen Maßstäbe der Welt und ihre Missachtung der Wahrheit sollten jedoch nicht mit Gnade verwechselt werden. Für jemanden, auf den mit gnadenloser Wahrheit eingeprügelt wurde, der sozusagen mit einem Stück von der Leitplanke eins über den Kopf bekommen hat, *erweckt* jedoch jene illusorische Freiheit *den Anschein* von Gnade. Tatsächlich hat man solchen, die in einer freudlosen Religion aufgewachsen sind, beigebracht, dass es keinerlei Hoffnung gibt, jene Angst machenden Grundsätze im Alltag auch umzusetzen. »Warum sollte man dies dann überhaupt erst versuchen? Das ist ja ohnehin *unmöglich*!«

Richtig verstanden sind biblische Wahrheiten jedoch wie Leitplanken, die uns davor bewahren, von der Klippe herabzustürzen. Deshalb wird auch der kluge Reisende niemals die Leitplanken verfluchen. Er jammert nicht: »Diese Leitplanke hat meine Stoßstange verbeult!«, sondern blickt von der Klippe hinab in die Tiefe auf die abgestürzten Autowracks und ist einfach nur *dankbar*, dass es diese Leitplanken gibt.

Die Leitplanken der Wahrheit sind nicht als Strafe gedacht, sondern zu unserem Schutz.

Was ist Wahrheit?

Jesus betete: »Heilige sie durch die Wahrheit! Dein Wort ist Wahrheit« (Joh 17,17).

Wahrheit ist weit mehr als lediglich Fakten. Sie ist nicht nur etwas, nach dem wir uns richten können. Sie handelt mit uns. Nicht wir sind es, welche die Wahrheit ändern können, sondern die Wahrheit verändert uns. Sie heiligt (d. h. trennt uns) von der Unwahrheit, die in unsere Sündennatur eingewoben ist und die von der Welt in Schutz genommen wird.

Gott hat Seine Wahrheit in die Menschenherzen geschrieben (Römer 2,15). Schamgefühl und Gewissensbisse entstammen der Erkenntnis, dass man gegen die Wahrheit verstoßen hat. Wenn Menschen Wahrheit in gnädiger Art und Weise vermittelt wird, dann werden viele von ihnen – aufgrund ihres Wissens um ihr moralisches Vakuum – von dieser angezogen. Herzen sehnen sich nach Wahrheit – selbst jene Herzen, die diese Wahrheit ablehnen.

Wir sollen in der Wahrheit wandeln (3Jo 3), die Wahrheit lieben und der Wahrheit vertrauen (2. Thessalonicher 2,10.12). Das Zentrum aller Wahrheit ist der Eine, nämlich Jesus Christus, der gesagt hat: »Ich bin der Weg und die Wahrheit und das Leben« (Joh 14,6). Er sagte nicht etwa, Er würde die Wahrheit zeigen, die Wahrheit lehren oder die Wahrheit gestalten. Nein, sondern Er *ist* die Wahrheit, die Wahrheit in Person. Er ist die Quelle der Wahrheit und der Bezugspunkt zur Überprüfung aller erhobenen Wahrheitsansprüche.

Daher ist es letztlich unwichtig, in welchen anderen Punkten wir sonst richtig liegen, wenn wir gerade im Hinblick auf Jesus falsch sollten.

Der »Gott der Wahrheit« (Psalm 31,6; unrevidierte Elberfelder) ist »nicht ein Mensch …, dass er lüge, noch der Sohn eines Menschen, dass er bereue« (4. Mose 23,19).

Der Teufel ist ein Betrüger, der die Wahrheit in einem fort leugnet, revidiert und verfälscht, einer, der die Preisschilder vertauscht. Jesus sagte von ihm, dass keine Wahrheit in ihm ist. Er nannte ihn einen »Lügner und den Vater derselben«. Er sagte: »Wenn er lügt, redet er so, wie es seinem ureigensten Wesen entspricht …« (Joh 8,44, Neue Genfer Übersetzung). Satan ist ein Naturtalent, wenn es ums Betrügen geht. Er ist wortgewandt, listig, gewinnend und überzeugend. Und wir – wir sind so leicht zu verführen.

Wenn wir die Wahrheit reden, dann sprechen wir Christi Sprache. Wenn wir hingegen Lügen verbreiten, dann sprechen wir die Sprache Satans.

Sie und ich können Wahrheit entdecken, aber wir können sie nicht gestalten.

Was wahr ist, ist wahr, und was nicht wahr ist, das ist nun einmal nicht wahr – das gilt für jeden von uns und zu jeder Zeit. Unsere Gesellschaft sieht Wahrheit als etwas an, das sich in uns befindet und das, je nachdem, auf welchem Entwicklungs- und Erkenntnisstand wir uns nun gerade befinden, der Korrektur unterworfen ist. Die Heilige Schrift dagegen sieht Wahrheit als etwas an, das sich außerhalb von uns befindet, an das wir glauben können oder aber auch nicht, das wir jedoch in keinem Fall verändern können.

Bei der Wahrheit geht es nicht um unsere eigenen Vorstellungen oder Sehnsüchte. Es geht dabei einzig und allein um die Wirklichkeit. Selbst wenn die Mehrheit der Menschheit übereinkommen würde, ab morgen die Schwerkraft außer Kraft zu setzen, so hätte diese mehrheitlich getroffene Wahl keinerlei Auswirkung auf die Realität. Die meisten Menschen der westlichen Welt sind Verfechter des demokratischen Prinzips. Dies kann leicht zu dem Trugschluss führen, wir könnten auch dann, wenn es um die Wahrheit geht, unsere Stimme abgeben. Bei dem Weltall und seinen Gesetzen handelt es sich aber nicht um demokratische Belange. Wahrheit ist keine Angelegenheit von Stimmzetteln.

Wie leicht verwechseln wir das, von dem wir *wünschten*, dass es wahr wäre, mit dem, was tatsächlich wahr ist.

C. S. Lewis sagte, der Grund seines Schreibens sei, das Christentum schlechthin auszulegen, »das ist, wie es ist, und war, wie es war, lange bevor ich geboren wurde und unabhängig davon, ob es mir passt oder nicht«.[3]

Jeder von uns hat eine Theologie. Die einzige Frage ist, ob sie wahr oder falsch ist. Viele der heute verbreiteten Lehren sind von der Beliebtheit gesteuert, nicht von der Wahrheit. »Denn es wird eine Zeit sein, da sie die gesunde Lehre nicht ertragen, sondern nach ihren eigenen Begierden sich selbst Lehrer aufhäufen werden, weil es ihnen in den Ohren kitzelt …« (2.Timotheus 4,3).

Einige Pastoren und Fernsehprediger werden sehr gut dafür bezahlt, Schindluder mit der Wahrheit zu treiben. Charles Spurgeon jedoch sagte: »Christi Volk muss mutige, unnachgiebige, löwenartige Herzen haben, die zuallererst Christus lieben, dann Seine Wahrheit, und über alles in der Welt Christus und Seine Wahrheit.«[4]

Wir sollten uns ein Beispiel an den Christen von Beröa nehmen, denn »sie nahmen mit aller Bereitwilligkeit das Wort auf und untersuchten täglich die Schriften«, um festzustellen, ob die Lehre, die sie vermittelt bekamen, nun auch tatsächlich mit der Wahrheit übereinstimmte (Apg 17,11).

Die zentrale Wahrheit: Ist Jesus der einzige Weg?

Es ist durchaus möglich, dass die einflussreichste Theologin Amerikas Oprah Winfrey (eine US-amerikanische Talkshow-Moderatorin) ist.

Ihre »Spiritualität« ist ein Mischmasch aus Psychologie und Bibelzitaten, die aus dem Zusammenhang gerissen wurden. Der Oprah-Weg ist eine von der Gemeinde gelöste Spiritualität, Marke Eigenbau. Alle Wege führen in den Himmel. Karma? Sicherlich. Schicksal? Warum nicht? Reinkarnation? Gut möglich. Und wenn wir schon einmal dabei sind: Wie wäre es mit einer Prise Buddhismus, Hinduismus, New Age und einem von Engeln geleitetem Leben.

Oprahs Glaube ist ungezwungen, passt seine Gestalt jeweils den Konturen individueller Vorlieben an. Es ist eine Designer-Religion nach dem Motto »Mach es auf deine Art«, maßgeschneidert für eine nachchristliche Kultur.

Oprah spricht nicht von biblischer Inspiration, der Sündhaftigkeit des Menschen, der Gottheit Christi, dem stellvertretenden Sühneopfer, dem Jüngsten Gericht, der Auferstehung bzw. der Hölle. Warum nicht? Weil all das soeben Genannte Geistliches auf eine ganz deutliche Art und Weise definiert. Es handelt sich um Wahrheiten, durch die man falsche Glaubenssysteme – einschließlich derer, die in Oprahs Fernsehshow propagiert werden – widerlegen kann.

Oprah sagt: »Einer der größten Fehler, den Menschen machen können, ist zu glauben, es gäbe nur einen einzigen Weg. Denn es gibt in der Tat viele verschiedene Wege, die alle zu dem führen, was man Gott nennt.«[5]

Moment mal! Jesus hat nicht gesagt: »Ich bin *ein* Weg und *eine* Wahrheit und *ein* Leben; Ich bin *einer der* Wege, um zum Vater zu gelangen.« Sondern Er sagte: »Ich bin *der* Weg und *die* Wahrheit und *das* Leben. Niemand kommt zum Vater als nur durch mich« (Joh 14,6, Hervorhebung durch den Autor).

In einer Gesellschaft aufgewachsen, die eine solche Denkweise als engstirnig und intolerant verurteilt, sehen es nunmehr sogar viele »Christen« als überheblich an, wenn jemand behauptet, nur Christen kämen in den Himmel.

Und es wäre in der Tat überheblich, *wenn wir Christen diejenigen wären, die sich dies ausgedacht haben.* Das haben wir jedoch nicht getan. Sondern wir wiederholen lediglich, was Jesus gesagt hat. Wir vertrauen nicht auf uns selbst; wir vertrauen Ihm und Seinen Worten.

Wäre uns diese Aufgabe zugedacht gewesen, wir hätten uns ganz bestimmt etwas ausgedacht, das mehr nach dem Geschmack der Menschen sein würde. Aber dies war und ist, wie gesagt, nun einmal nicht unsere Aufgabe.

Leider sind heutzutage einige »Christen« der Ansicht, es sei falsch, Menschen anderer Glaubenssysteme von Christus Zeugnis zu geben. Wenn die christliche Organisation *Jews for Jesus* (»Juden für Jesus«) in irgendeiner Stadt eine evangelistische Kampagne durchführt, dann stößt man immer wieder auf Christen, die meinen, wir »hätten kein Recht«, Juden das Evangelium zu verkünden.

Doch überdenken wir das einmal für ein Moment … Nehmen wir an, Sie sehen jemanden, der sich mit seinem Kanu auf Stromschnellen befindet, sagen wir, 30 Meter von einem Wasserfall entfernt. Seine Aufmerksamkeit zu gewinnen und eine Warnung vor der bevorstehenden Gefahr auszurufen, könnte bei dem Kanufahrer Angst auslösen. Wäre es aber ein von Liebe motiviertes Handeln, zu lächeln, ihm zuzuwinken und die Ruhe zu bewahren? Natürlich nicht! Denn das wäre nichts als Gleichgültigkeit – bzw. blanke Feigheit.

Auf eine ewige Hölle zuzusteuern, liegt nicht im Interesse auch nur irgendeines Menschen. Wie können wir es da wagen, im Namen einer falschen Gnade, sprich »Toleranz«, jenen, zu deren Errettung Jesus gekommen ist, wahre Gnade vorzuenthalten?

Kapitel 5

Gnade einmal näher betrachtet

In Vancouver, Washington, etwa 25 km von unserem Haus entfernt, folterte, belästigte und ermordete Wesley Allan Dodd drei Jungen.

Der Termin für Dodds Hinrichtung durch den Strang – die erste seit drei Jahrzehnten – wurde auf den 4. Januar 1993 kurz nach Mitternacht festgesetzt. An jenem Abend beteten unsere beiden Töchter, elf und dreizehn Jahre alt, am Abendbrottisch aufrichtig darum, dass Dodd Buße tun würde und sich vor seinem bevorstehenden Tod im Glauben an den Herrn Jesus Christus wenden würde. Ich machte mich mit ihrem Gebet eins – doch nur weil ich wusste, dass ich dies eben zu tun hatte.

Ich blieb auf und schaute mir das Spektakel an. Reporter aus dem ganzen Land versammelten sich vor dem Gefängnis. Und zwölf Medienvertreter wurden Augenzeugen der Hinrichtung. 30 Minuten nachdem Dodd gestorben war, traten sie an die Öffentlichkeit und berichteten von dem, was sie miterlebt hatten.

Einer von ihnen verlas Dodds letzte Worte: »Ich war der Ansicht, für mich gäbe es keine Hoffnung und keinen Frieden. Doch ich hatte Unrecht. Denn ich habe Hoffnung und Frieden in dem Herrn Jesus Christus gefunden.«

Dies hatte ein Nach-Luft-ringen und ein Raunen in der Zuschauergalerie zur Folge. Die Verärgerung war offenkundig. *Wie konnte jemand, der so schreckliche Dinge getan hatte, es wagen zu behaupten, er habe Hoffnung und Frieden in Jesus gefunden?*

Dachte er denn wirklich, dass Gott ihm Einlass in den Himmel gewähren würde, nach all dem, was er getan hatte? *»Fahr zur Hölle, du Kindermörder – so leicht wirst du nicht davonkommen!«*

Der Gedanke, dass Gott Dodd Gnade erweisen könnte, war zutiefst anstößig.

Und doch ... starb Jesus denn nicht ebenso für Dodds Sünden, wie Er es für meine tat?

Keine Sünde ist größer als der Erretter. Gnade ist in der Tat nicht von dieser Welt. Ich kämpfte nur deshalb mit dem Gedanken, dass Gott Dodd retten könnte, weil ich zu viel von mir selbst hielt und zu gering von meinem Herrn dachte.

Ich hatte mir die Entfernung zwischen Dodd und mir so groß vorgestellt wie die Entfernung zwischen Süd- und Nordpol. Wenn man dies jedoch einmal von dem unendlich weiten Blickwinkel Gottes aus betrachtet, dann fällt jene Entfernung gar nicht mehr so sehr ins Gewicht. Wenn ich Christus nicht habe, bin ich der Stellung nach vor einem heiligen Gott ... wie Dodd, wie Jeffrey Dahmer (ein weiterer Serienmörder) oder wie Mao Tse-tung.

Dieser Gedanke geht mir durch und durch, und doch ist er wahr. Und das Gleiche gilt auch für Florence Nightingale und Mutter Teresa. Hierbei handelt es sich nicht etwa um eine Übertreibung, sondern um eine in der Bibel verwurzelte Wahrheit. Solange wir nicht begreifen, dass wir alle von gleicher Herkunft – nämlich von unserer Abstammung her gefallene Menschen – sind, was ebenso auf Dodd, Hitler und Stalin zutrifft, werden wir niemals Christi Gnade zu schätzen wissen.

Nun sagen Sie vielleicht: Alles, was ich will, ist doch lediglich Gerechtigkeit! Ich will doch nur, dass Dodd und seinesgleichen »bekommen, was sie verdient haben«. Doch seien Sie besser vorsichtig! Sind etwa auch Sie bereit, das auszulöffeln, was Sie verdient haben, bereit für den Ort mit den fünf Buchstaben, sprich: für die Hölle?

Meine Sünden und Ihre Sünden, einschließlich unserer Selbstgerechtigkeit, nagelten Jesus ganz gewiss ebenso an jenes Kreuz wie die Sünden eines jeden Kindermörders, Terroristen oder völkermordenden Tyrannen. Seien wir daher dankbar, dass wir eben nicht das bekommen, was wir eigentlich verdient hätten!

Wenn Gott nicht groß genug ist, um Dodd und Dahmer zu erretten, dann ist Er auch nicht groß genug, um mich zu erretten.

Gegenwärtige Gnade, künftige Gnade

Nachdem Johannes geschrieben hat, dass Jesus voller Gnade und Wahrheit ist, fügte er noch hinzu: »Denn aus seiner Fülle haben wir alle empfangen, und zwar Gnade um Gnade« (Joh 1,16). Eine Welle nach der anderen trifft auf den Strand – und das noch bevor die vorherige Welle verschwunden ist.

So hört auch die Brandung der Gnade Gottes niemals auf, Segen um Segen hervorzubringen.

Viele denken in Bezug auf Gnade nur in der Vergangenheitsform. Die Gnade hörte jedoch nicht zu dem Zeitpunkt auf, als Christus uns vor der Hölle rettete.

Agenturen versuchen, Personen mit großen Bankkonten, auf die 20 bis 50 Jahre lang nicht zugegriffen wurde, ausfindig zu machen. Der Geldbetrag, in einigen Fällen mehrere Millionen Dollar, liegt einfach nur auf dem Konto und häuft Zinsen auf.

Wenn man die gesetzlichen Erben dann schließlich aufgespürt hat, so kann es vorkommen, dass diese in absoluter Armut leben.

Während der ganzen Zeit hatten sie freien Zugang zu einem gewaltigen Reichtum – wenn sie nur davon gewusst hätten.

In ähnlicher Weise misslingt es Ihnen und mir oft, zu begreifen, wie enorm unser Vorrat an Gnade in Wirklichkeit ist. Die Folge davon ist, dass wir in geistlicher Armut leben. Uns steht jedoch gegenwärtig all die Gnade zur Verfügung, die wir je benötigen werden. Alles, was wir tun müssen, ist lediglich, darum zu bitten.

Die Gnade Gottes hat nicht nur einen Anfang mit uns gemacht und uns dann uns selbst überlassen, damit wir mittels eigener Werke zum Ziel gelangen. Die Gnade hat uns nicht allein im Hinblick auf die Vergangenheit gerechtfertigt, sondern sie erhält uns in der Gegenwart und wird uns auch in der Zukunft bewahren.

Spurgeon sagte:

> Unser Herr Jesus gibt unentwegt und zieht Seine Hand nicht auch nur einen einzigen Augenblick zurück … Der Regen Seiner Gnade fällt ununterbrochen hernieder, der Strom Seiner Freigebigkeit fließt unaufhörlich, und aus der Quelle Seiner Liebe sprudelt es immerzu. So wie der König niemals sterben kann, so ist auch Seine Gnade niemals zu Ende.[6]

Das vielleicht größte Vermächtnis, das Eltern an ihre Kinder weitergeben können, ist die Befähigung, die tägliche Vielfalt göttlicher Segnungen wahrzunehmen und darauf mit unaufhörlicher Dankbarkeit zu antworten. Wir sollten überfließen »in Danksagung« (Kolosser 2,7).

Jesus sagte: »… freut euch aber, dass eure Namen in den Himmeln angeschrieben sind!« (Lukas 10,20). Wenn wir wirklich die Gnade Gottes erfassen würden – und sei es noch so wenig –, dann würden wir auf unsere Knie fallen und weinen. Dann würden wir aufstehen, rufen und lachen, wenn wir uns gegenseitig anschauen und fragen: »Kannst du das *glauben*? Uns wurde vergeben! Der Himmel wird in alle Ewigkeit unsere Heimat sein!«

Warum sollte man auch weniger tun als das?

Gnade und Vergebung

Viele meinen, Gott sage: »Tu noch mehr« bzw. »Mach es besser.« Nicht jedoch so etwas wie: »Ich habe alles für dich vollbracht – und nun ruhe aus von deinen Werken.« Und doch ist es genau das, was Jesus meinte, als Er sagte: »Kommt her zu mir, alle ihr Mühseligen und Beladenen! … Nehmt auf euch mein Joch, und lernt von mir! … Denn mein Joch ist sanft, und meine Last ist leicht« (Matthäus 11,28-30).

Dies steht im deutlichen Gegensatz zu der Botschaft nach dem Motto »Nun streng dich mal etwas mehr an!«, unter der sich zahllose Christen abmühen. Viele Religionen bieten Instant-Programme zur Selbstverbesserung an, bei denen man immerzu in der Tretmühle bleibt, zwar eine Strecke zurücklegt, aber doch niemals das Ziel erreicht.

Gott lädt uns ein: »Auf, ihr Durstigen, alle, kommt zum Wasser! Und die ihr kein Geld habt, kommt, kauft und esst! Ja, kommt, kauft ohne Geld und ohne Kaufpreis Wein und Milch!« (Jesaja 55,1).

Es gibt nur eine Bedingung für das Genießen der Gnade Gottes: Armut … und das Wissen um diese Armut.

Das griechische Wort *teleo* wurde normalerweise auf Schuldscheine geschrieben, wenn die Schulden getilgt worden waren. Es bedeutete »vollständig bezahlt«. Kurz bevor Christus starb, rief er aus: *»Teleo!«* – »Es ist vollbracht!« (Johannes 19,30). Christus starb, damit der Schuldschein, mit all unserer Sündenschuld, ein für alle Mal mit dem Vermerk »endgültig bezahlt« versehen werden konnte.

Wenn auch das Angebot der Vergebung besteht, so hat dieses Angebot für uns doch nur und erst dann Gültigkeit, wenn wir es angenommen haben. Gerichte haben festgelegt, dass eine Begnadigung nur dann rechtsgültig ist, wenn diese von der schuldigen Partei angenommen wurde. Christus bietet jedem von uns das Geschenk der Vergebung an; doch allein dadurch, dass ein Angebot besteht, wird dieses jedoch noch lange nicht zu unserem persönlichen

Besitz. Um Vergebung zu bekommen, müssen wir diese zuerst angenommen haben.

Ein Freund sagte mir einmal, er habe im Hinblick auf Gott schon so oft versagt, dass er sich der Gnade Gottes nicht mehr würdig fühle. Zunächst einmal ist dazu zu sagen: Er war der Gnade ohnehin zu keinem Zeitpunkt würdig! Ebenso wenig, wie ich es bin. Gnade bedeutet: Christus hat an unserer Stelle unsere Schulden getilgt. Wir können nicht mehr und nicht weniger tun, als Sein Werk, das Er für uns getan hat, freudig anzuerkennen.

Der Apostel Paulus war ein Mörder. Und doch hat Gott ihm nicht allein vergeben; Er erhöhte Paulus außerdem zu einem Leiter innerhalb der Gemeinde. *Die vergebende Gnade Gottes kennt keine Grenzen.*

Diese Welt gießt kaltes Wasser auf das Feuer der Gnade und der Wahrheit. Wie glühende Kohlen einander brauchen, um weiterbrennen zu können, so müssen auch wir uns mit anderen Christen zum Lob und zum Dank für Christi Gnade und Wahrheit versammeln. Eine gesunde Gemeinde wird Ihnen zum einen biblische Wahrheit vermitteln und zum anderen auch Gnade, Annahme und Hilfe zuteilwerden lassen.

Amazing Grace (»Erstaunliche Gnade«)

Stellen Sie sich einen Kapitän eines Sklavenschiffes

vor, einen grausamen Engländer, der in Afrika Sklaven kaufte und diese dann in Sklavenschiffen abtransportierte, um sie wie wilde Tiere auf einer Auktion zu versteigern. Stellen Sie sich vor, dass genau dieser Mann später den Text eines Liedes schreiben wird, das weltweit zum populärsten Lied der englischsprachigen Schwarzen werden sollte. Undenkbar?

Das Lied heißt »Amazing Grace«. In einigen schwarzen Gemeinden wird es jeden Sonntag gesungen. Manchmal singen sie es sogar zehn oder fünfzehn Minuten lang. Viele Afro-Amerikaner lieben dieses Lied mehr als irgendein anderes – obgleich es von einem weißen Mann geschrieben wurde, der schwarze Sklaven verkaufte und sie wie den letzten Dreck behandelte.

Wie kann so etwas möglich sein? Aus demselben Grund, aus dem Christen durch die Jahrhunderte hindurch die Briefe von Paulus, einem fanatischen Christenmörder, geschätzt haben. Der Liedtext gibt Antwort auf die gestellte Frage:

> O große Gnade, welch ein Klang,
> 'nen Schuft wie mich erlöst!
> Ich war verlor'n und bin gefunden;
> war blind, doch nun seh' ich!

Beide, der Mann, der jene Sklaven so schlecht behandelte, und der Mann, der das Lied schrieb, hießen

John Newton. Beide hatten dieselbe DNS, und doch handelte es sich bei dem Liedtexter um einen neuen Menschen. Er wurde Pastor und setzte sich für den Kampf gegen den Sklavenhandel ein.

82-jährig und blind sagte Newton, kurz bevor er starb: »Mein Gedächtnis habe ich beinahe verloren. Aber an zwei Dinge erinnere ich mich noch, nämlich dass ich ein großer Sünder bin und dass Christus ein großer Heiland ist!«

Das Lied »Amazing Grace« bewegt mein Herz mehr als irgendein anderes Lied, das ich kenne. Kein anderes Loblied ist öfter und von mehr Musikern neu aufgenommen worden. Selbst wenn es bei einem weltlichen Konzert gesungen wird, wird das Publikum ganz still.

Augen füllen sich mit Tränen. Doch nicht allein die Augen von Christen.

Gnade ist das, wonach Herzen schreien!

Gnade ist das, was Herzen ersehnen, sogar jene, die Jesus Christus nicht kennen.

Ja, *besonders* jene, die Jesus Christus nicht kennen.

Kapitel 6

Wahrheit einmal näher betrachtet

Einmal flog ich von einem zum anderen Ende der USA, um *nicht* in einer Gemeinde zu predigen, von der ich eingeladen worden war, während ihres morgendlichen Gottesdienstes zu sprechen.

Nachdem ich mein Hotel verlassen hatte, fuhr ich mit einem prominenten christlichen Leiter zu der besagten Gemeinde. Ich wusste, dass dieser Mann von den Medien bezichtigt worden war, gewisse entscheidende Einzelheiten in Bezug auf seinen Lebenslauf falsch dargestellt zu haben, und so befragte ich ihn zu den gegen ihn erhobenen Beschuldigungen.

Er gab zu, einige Dinge gesagt und geschrieben zu haben, die nicht der Wahrheit entsprachen – aber das schien ihn nicht weiter zu kümmern. Ich sagte ihm, in einem ganz ruhigen Ton, dass ich der Ansicht sei, er solle Buße tun und für seine Unaufrichtigkeit öffentlich um Vergebung bitten – worauf er mir nicht ein Wort erwiderte, so dass wir schweigend zur Gemeinde fuhren.

Einige Minuten nachdem wir angekommen waren, führte man mich zum Büro des leitenden Pastors, wo wir, so war es abgemacht, eine Zeit des gemeinsamen Gebets haben sollten, bevor ich im Gottesdienst predigen würde.

Als ich das Zimmer betrat, knallte der leitende Pastor die Tür hinter mir zu.

Ich war überrascht, dass sich dessen Gesicht rot verfärbte und seine Adern hervortraten.

Er deutete mit seinem Finger auf mich. »Auf keinen Fall werde ich zulassen, dass Sie von meiner Kanzel aus predigen!«, donnerte er.

Und dann sah ich aus meinem Augenwinkel heraus den Mann, den ich kurz zuvor mit seiner Sünde konfrontiert hatte. Der Pastor gab mir zu verstehen, dass ich nicht das Recht gehabt hätte, die Ehrlichkeit unseres Bruders infrage zu stellen. Er war sich über den Ruf des Mannes völlig im Klaren, meinte aber, dass mich die Angelegenheit nichts angehe. Wir verließen das Büro, der Pastor noch immer vor Wut kochend.

Dann begann der Gottesdienst, und der Pastor griff zum Mikrofon. Seine Stimme klang nunmehr liebevoll und »geistlich«. Er stellte den Mann vor, den ich mit seiner Sünde konfrontiert hatte, der die Sammlung durchführen sollte und die Anwesenden aufforderte, großzügig zu geben.

Danach wandte sich der Pastor an die Gemeinde und sagte, er verspüre »die Führung des Heiligen Geistes«, diesen Gottesdienst dem Geben und Heilen zu widmen. Aus diesem Grund sei es bedauerlicherweise zeitlich nicht möglich, den geplanten Gastredner – nämlich mich – zu hören.

Auf dem langen Flug nach Hause wunderte ich mich darüber, wie es möglich ist, dass christliche Leiter – die Wächter der Wahrheit Gottes sein sollten – solch eine offensichtliche Missachtung der Wahrheit an den Tag legen können.

Dieses Problem ist keineswegs neu. »Lasst euch von euren Propheten … nicht täuschen! Und hört nicht auf eure Träume, die ihr euch träumen lasst! Denn Lüge weissagen sie euch in meinem Namen; ich habe sie nicht gesandt, spricht der HERR« (Jeremia 29,8-9).

Wissen Sie, ein Redner mag populär sein, eine Predigt bei den Menschen gut ankommen, ein Buch ein Bestseller in den christlichen Buchläden sein – und dennoch von Unwahrheit gekennzeichnet sein.

Warum sollte man denn die Wahrheit sagen?

Namhafte Historiker begehen Diebstahl an geistigem Eigentum. Politiker fabrizieren Kriegsberichte. Trainer schmücken ihre Lebensläufe aus. Angestellte melden sich krank, obwohl sie in Wahrheit auf dem Golfplatz sind. Werbeanzeigen versprechen, uns mit einer gut aussehenden Person bekannt zu machen, wenn wir nur dieses Auto kaufen oder jenes Bier trinken.

Wir haben uns so sehr daran gewöhnt, belogen zu werden, und sind so anfällig für Selbstbetrug geworden, dass es uns sehr schwer fällt, zwischen Wahrheit und Lüge zu unterscheiden.

64 Prozent der Amerikaner sagen: »Ich würde von einer Lüge Gebrauch machen, wenn mir das von Nutzen ist und solange niemand dadurch einen wirklichen Schaden erleidet.« 53 Prozent meinen: »Ich würde meinen Ehepartner betrügen, denn schließlich würde er oder sie – sollte sich eine Gelegenheit dazu bieten – dasselbe tun.« Nur 31 Prozent der Amerikaner sind der Ansicht, dass Ehrlichkeit immer noch am längsten währt. Auf die Frage, was sie alles für 10 Millionen Dollar tun würden, antworteten 25 Prozent, dass sie ihre Familie verlassen würden, 23 Prozent würden für eine Woche oder länger in die Prostitution gehen, und 7 Prozent würden dafür sogar einen Unbekannten ermorden.[7]

Es gab einmal einen moralischen Konsens innerhalb der Gesellschaft. Wenn auch nicht jeder nach diesen Grundsätzen lebte, so wurden diese doch als solche anerkannt. Richter 21,25 scheint in erschreckender Weise eine Prophetie auf unsere heutige Zeit zu sein. Dort heißt es: »In jenen Tagen war kein König in Israel. Jeder tat, was recht war in seinen Augen.«

Während eines Familienurlaubs vor einigen Jahren wollte ich einmal eine Bootsfahrt mit meiner Familie machen. Wenn ich zu einer Verkaufspräsentation gegangen wäre, hätten wir die Fahrt für 15 statt für 60 Dollar machen können.

Alles, was ich dafür hätte tun müssen, wäre gewesen, meine Unterschrift unter ein Dokument zu setzen, welches besagte, dass ich ein gewisses Einkommen habe. Als ich erklärte, dass ich ein derart hohes Einkommen gar nicht hätte, erwiderte der Verkäufer: »Kein Problem. *Sagen* Sie ganz einfach, dass Sie so viel verdienen, und die Sache geht in Ordnung.«

Ich antwortete, dass dies nicht »in Ordnung« gehe. Denn das wäre ja eine glatte Lüge.

»Schauen Sie mal«, erklärte mir darauf der Verkäufer, »diese Leute würden Sie ohne mit der Wimper zu zucken beklauen. Die würden Sie in null Komma nichts anlügen.«

Man erwartete von mir, dass ich mich dafür, dass ich die Wahrheit sagte, entweder schuldig fühlen oder wenigstens außerordentlich dumm vorkommen sollte.

Ich ging die Straße herunter zu einem anderen Verkäufer. Dort kostete es für Kinder bis 12 und darunter nur den halben Preis. »Wie alt sind denn Ihre Kinder?«, fragte mich der Verkäufer. Ich erwiderte, dass eins 11 sei und das andere, das neben mir stand, 13.

»Kein Problem«, versicherte er mir. »Sagen Sie einfach, dass es 12 ist. Das merkt ja ohnehin keiner.«

»Es ist aber nicht wahr.«

»Was macht das schon?«

»Wahrheit ist sehr wohl wichtig. Das versuchen wir unseren Kindern beizubringen.«

Dann, als wir weggingen, schüttelte er den Kopf, leise vor sich hin murmelnd.

Die Familie meiner Ehefrau hat ein Häuschen an der Küste von Oregon.

Dort wird jedes Jahr anlässlich des 4. Juli (dem US-amerikanischen Nationalfeiertag) ein Festtagsumzug veranstaltet. Die Leute werfen dann Süßigkeiten von den Festzugs- und Lastwagen aus in die Menge.

Einmal waren nach dem Straßenumzug die Straßen von den Bonbonpapieren geradezu übersäht. Hunderte, überall. Wenn es nur eins oder zwei gewesen wären, so hätte ich diese vielleicht gar nicht bemerkt, aber diese enorme Menge verfehlte nicht ihre Wirkung. Jene malerische kleine Küstenstadt war zu einem Schandfleck geworden.

So ist das auch mit den Lügen. Sie häufen sich auf. Nehmen Sie jede einzelne Lüge und multiplizieren Sie diese mit den mehreren Millionen Lügen in der Geschäftswelt, in den Schulen, den Familien und innerhalb der Regierung, und Sie erhalten eine gewaltige moralische Erosion. Es ist, als wenn jemand an Zehntausenden durch Papier hervorgerufenen Schnittwunden verblutet.

In seiner Rede zur Nobelpreis-Verleihung sagte Alexander Solschenizyn: »Ein Wort der Wahrheit hat mehr Gewicht als die gesamte Welt.« Was meinte er damit? Nun, dass die Wahrheit größer ist als wir. So wie die Berliner Mauer schließlich zum Einsturz gebracht wurde, kann die Gesamtmenge aller Lügen dieser Welt durch eine einzige Wahrheit zu Fall gebracht werden. Wahrheit findet in den Herzen der Menschen seinen Widerhall. Menschen mögen der Wahrheit widerstehen, und doch ist das, was sie brauchen, Wahrheit, denn die Wahrheit macht sie frei.

Bedauerlicherweise können Christen ebenso unaufrichtig sein wie die Welt. Und daher wird die Wahrheit auch von einigen christlichen Rednern immer wieder verdreht.

Die Namen christlicher Berühmtheiten finden sich auf Büchern, die nicht von diesen geschrieben wurden. Christliche Leiter erhalten Lob für Artikel, die in Wirklichkeit aus der Feder ihrer Mitarbeiter stammen. Theologische Universitäten veröffentlichen immer wieder dogmatische Aussagen, welche von vielen ihrer Fakultätsmitglieder weder geglaubt noch gelehrt werden. Manche christlichen Musiker nehmen Spenden für bedürftige Kinder entgegen, geben jedoch nicht bekannt, dass sie von dem Gesamtbetrag 20 Prozent für sich selbst einheimsen.

Wenn wir aufhören, die Wahrheit zu sagen, hören wir auf, Jesus zu repräsentieren, der die personifizierte Wahrheit ist.

Wahrheit an Universitäten?

Universitätsstudenten, die einst als Wahrheitssuchende bekannt waren, sind nunmehr so »offen« geworden, dass sie die als Wahrheit dargestellten Dinge nicht mehr kritisch überprüfen. Sie sitzen passiv da, während Professoren die zufällige Evolution von komplexen Lebensformen verkünden – während die biochemischen Entdeckungen der nicht reduzierbaren Komplexität auf der zellularen Ebene, die den Darwinismus widerlegen und einen überzeugenden wissenschaftlichen Beweis für die Schöpfung darstellen, schlicht und einfach keine Erwähnung finden.[8]

Viele Professoren sind nicht Wahrheitssuchende, sondern Wächter des Status quo und sehr selektiv, was die »Wahrheiten« anbelangt, die sie innerhalb der Klassenräume zulassen.

Allan Bloom schrieb in seinem Buch *Der Niedergang des amerikanischen Geistes*: »Einer Sache kann sich ein Professor vollkommen sicher sein, nämlich: dass fast jeder Student, der sich an einer Universität einschreibt, entweder tatsächlich der Ansicht ist oder zumindest behauptet, der Ansicht zu sein, Wahrheit sei relativ.«[9]

»Das wirklich Ausschlaggebende (so sagen diese Leute) *ist nicht, Wahrheit zu finden; sondern nach ihr zu suchen.«*

Tatsächlich? Versuchen Sie einmal mit dieser Logik auf Arbeitssuche oder auf Parkplatzsuche zu gehen – oder einen schwimmenden Gegenstand zu suchen, wenn Sie kurz vor dem Ertrinken sind.

»So etwas wie Wahrheit gibt es überhaupt nicht.«

Ist das eine wahre Aussage? Offensichtlich nicht. Und warum sollte jemand auf eine Universität gehen, wo man von Professoren unterrichtet wird, die der Ansicht sind, es gäbe überhaupt keine Wahrheit?

»Wahrheit ist immer das, woran man aufrichtig glaubt.«

Man kann zum Beispiel aufrichtig einen Schritt über einen Felsvorsprung hinaus machen, in dem Glauben, man werde schon nicht hinabstürzen; die Schwerkraft macht sich jedoch nichts aus einer derartigen Aufrichtigkeit. Wir sind nicht annähernd so aufrichtig, wie wir meinen, und selbst dann, wenn wir es tatsächlich sind, sind wir doch sehr oft im Unrecht.[10]

»Was für Sie wahr ist, das ist eben nur für Sie wahr, und was für mich wahr ist, das ist eben nur für mich wahr.«

Das bedeutet also, dass wenn wir beide gleichzeitig einen Schritt über das Dach hinaus machen, ich herunterfallen werde, weil ich an die Schwerkraft glaube, Sie jedoch in der Luft schweben werden, weil Sie nicht daran glauben?

Derart alberne Aussagen sind auf einigen Universitätsgeländen an der Tagesordnung. Weitaus lächerlicher ist jedoch, dass Eltern und Studenten für das Vorrecht, diese Binsenwahrheiten zu hören, riesige Summen an Studiengebühren ausgeben.

Denken Sie einmal darüber nach: Ist Bildung wirklich in einem Umfeld möglich, das die Existenz der Wahrheit schlechthin abstreitet? Fakten können vermittelt, Fähigkeiten können erlernt, Propaganda kann verbreitet und Diplome können vergeben werden. Das verdient deshalb jedoch noch lange nicht als Bildung bezeichnet zu werden.

In vielen Klassenräumen werden jene, die der Bibel glauben, immer wieder der Überheblichkeit bezichtigt. Jesus hat gesagt, dass Gottes Wort Wahrheit ist (Johannes 17,17). An das zu glauben, was in der Bibel steht, ist daher keine Überheblichkeit. Ganz im Gegenteil. Überheblichkeit ist der Versuch, die Wahrheit zugunsten unserer Vorlieben zurechtzustutzen.

Christus als missverstanden bzw. die Bibel als bedeutungslos zu bezeichnen, ist der Gipfel der Überheblichkeit, denn »wer Gott nicht glaubt, hat ihn zum Lügner gemacht …« (1. Johannes 5,10).

Was könnte anmaßender – oder gefährlicher – sein, als Gott als Lügner zu bezeichnen?

Nur 22 Prozent der Erwachsenen in Amerika glauben an absolute moralische Wahrheiten. Von den Befragten bis 36 Jahren glauben das nur 13 Prozent. Erstaunlicherweise glauben von denen, die behaupten, die »Gewissheit zu haben, in den Himmel kommen, wenn sie sterben – und das einzig und allein deshalb, weil sie ihre Sünden bekannt und Christus als ihren Erretter angenommen haben«, nur 32 Prozent an absolute moralische Wahrheiten.[11]

Theologisches Analphabetentum und Unglaube haben in den vergangenen drei Jahrzehnten unter den evangelikalen Christen dramatisch zugenommen. Gemeinden bedürfen zur Neubelebung dringendst einer Wahrheits-Infusion, d.h. einer kraftvollen Vermittlung der biblischen Lehre. Sollte diese nicht geschehen, werden wir und unsere Kinder einer der Wahrheit beraubten Welt nichts anzubieten haben.

Wahrheit und Konsequenzen

Mein Vater war der dem Evangelium gegenüber verschlossenste Mensch, den ich je gekannt habe. Er warnte mich davor, noch einmal mit ihm über »dieses religiöse Zeug« zu reden.

Im Alter von 84 Jahren wurde bei meinem Vater dann unheilbarer Krebs diagnostiziert. Eines Tages rief er mich sehr besorgt an.

»Ich rufe dich an …, um mich von dir zu verabschieden. Ich habe schreckliche Schmerzen – ich weiß, dass das Ende nahe ist. Ich habe eine Pistole an meiner Schläfe. Es tut mir Leid, dass ich dir ein solches Durcheinander zurücklassen muss.«

Ich bat ihn auszuhalten, sprang in mein Auto, legte eine 30-minütige Strecke in 20 Minuten zurück, sprang aus dem Auto und hämmerte gegen die Tür.

Keine Antwort.

Ich tat einen tiefen Atemzug und öffnete die Tür. Auf dem Fußboden lagen ein Gewehr und eine Handfeuerwaffe. Ich rief nach meinem Vater und ging, aufs Schlimmste gefasst, um die Ecke in sein Zimmer – und lief mit halb geschlossenen Augen direkt in meinen Vater hinein, der genau in diesem Augenblick aus seinem Zimmer kam. Ich beeilte mich, ihn ins Krankenhaus zu bringen, wo man seinen Operationstermin auf den nächsten Morgen festlegte.

Eine Stunde vor der Operation war ich bei ihm im Krankenhaus und betete, dass mein Vater sich in seiner schmerzvollen und verzweifelten Lage, aus der es keinen leichten Ausweg zu geben schien, zu Christus hinwenden würde. An seinem Bett stehend, schlug ich in meiner Bibel den Römerbrief auf und begann aus Kapitel 3 vorzulesen: »Da ist kein Gerechter, auch nicht einer … Alle haben gesündigt und erlangen nicht die Herrlichkeit Gottes …« (Verse 10.23).

Diese Worte vorzulesen, fiel mir nicht leicht.

Mein Vater, der Kneipenbesitzer war, hatte sich immer überaus beleidigt gefühlt, ein Sünder genannt zu werden. Ich wollte über diesen Abschnitt hinweghuschen und schnell zu der Guten Nachricht von der Gnade Gottes kommen. Aber ich zwang mich dazu weiterzulesen, Vers für Vers, von der Sündhaftigkeit des Menschen. Warum? *Denn*, so sagte ich mir, *wenn ich meinen Vater wirklich lieb habe, dann muss ich ihm die ganze Wahrheit sagen. Wenn Gott hier ein Wunder der Bekehrung tun will, dann ist das allein Seine Aufgabe. Meine Aufgabe ist es, das weiterzugeben, was Gott sagt.*

Ich kam zu Römer 6: »Denn der Lohn der Sünde ist der Tod, die Gnadengabe Gottes aber ewiges Leben in Christus Jesus, unserem Herrn« (Vers 23). Und dann zu Römer 10, wo von der Errettung durch das Bekennen Jesu und dem Glauben an Ihn als dem auferstandenen Herrn die Rede ist.

Schließlich schaute ich meinem Vater in die Augen und fragte ihn: »Hast du je deine Sünden bekannt und Jesus Christus darum gebeten, dir diese zu vergeben?«

»Nein«, antwortete er mit schwacher Stimme. »Aber … ich glaube, es ist jetzt an der Zeit, das zu tun.«

Diesen Augenblick werde ich niemals vergessen. Das Unmögliche geschah direkt vor meinen Augen: Kurz bevor mein Vater in den OP-Saal gefahren wurde, sprach er ein lautes Gebet, bekannte seine Sünden und setzte sein Vertrauen auf Jesus Christus. Im Vergleich mit diesem Wunder verblasste für mich die Teilung des Roten Meeres.

Die Operation war erfolgreich. Gott schenkte mir fünf weitere wertvolle Jahre mit meinem Vater. An dem Tag, als er starb und ich seine Hand hielt, wusste ich, dass ich nicht allein meine Mutter, sondern auch meinen Vater im Himmel wiedersehen würde.

An jenem Morgen im Krankenhaus wollte ich die Wahrheit von der Sündhaftigkeit des Menschen verharmlosen. Ich wollte die Wahrheit überspringen und unmittelbar zur Gnade kommen. Aber ohne jene Hiobsbotschaft kann es auch keine Gute Nachricht geben. Denn ohne die Wahrheit von Gottes Heiligkeit und der bitteren Realität unserer Sündhaftigkeit ist Christi Gnade bedeutungslos.

Das Schlimmste, was ich meinen Vater hätte antun können, war genau das, was ich versucht war zu tun – nämlich die Wahrheit zu verwässern. Zwar hätte mir das damals die Sache leichter gemacht, aber meinem Vater die Wahrheit Gottes vorzuenthalten, hätte bedeutet, ihm auch die Gnade Gottes vorzuenthalten.

Kapitel 7

Die Gnade, nach der wir uns sehnen

Man erzählt sich die Geschichte von einem Mädchen, das folgendermaßen gebetet haben soll: »Herr, mach aus den schlechten Menschen gute und aus den guten Menschen freundliche.«

Vermutlich hatte sie Erwachsene mit finsteren Gesichtern gesehen, die sie, weil sie es gewagt hatte, während des Gottesdienstes herumzuzappeln, durch ihre Blicke zum Wegsehen gezwungen hatten.

Wahrheit ohne Gnade erzeugt eine selbstgerechte Gesetzlichkeit. Menschen werden aufgeschrecktem Wild gleich, das sich im Scheinwerferlicht menschengemachter Regeln wiederfindet. Lange Verbotslisten und lange Gesichter führen dazu, dass Menschen sich von Christus abwenden.

Gnade dagegen befreit uns von der Sklaverei und zieht die Welt zu Christus.

Wahrheit ist guter Rat. Gnade ist gute Nachricht.

Guter Rat allein reicht nicht aus. Menschenherzen sehnen sich nach guten Nachrichten.

Mein Vater, der ehemalige Kneipenbesitzer, belieferte auch andere Kneipen mit Billardtischen, Musikboxen und Spielautomaten.

Manchmal nahm er mich mit auf seine Runde. Mit zehn Jahren hatte ich bereits mehr Kneipen von innen gesehen, als die meisten Christen während ihres gesamten Lebens zu Gesicht bekommen. Und um die Wahrheit zu sagen: Ich genoss das. Die Männer dort fragten mich, ob ich eine Partie Billard mit ihnen spielen wollte. Die Kellnerinnen luden mich ein, an der Theke Platz zu nehmen, unterhielten sich mit mir und gaben mir Limonade und Maisflips. Ich erinnere mich noch gut daran, wie ich dachte: *Ich kann es schon gar nicht mehr erwarten, endlich 21 zu sein und in Kneipen gehen zu dürfen, wann immer ich will.*

Als ich dann im Gymnasium war, wurde ich Christ und hörte bald darauf eine Predigt gegen das Kneipenwesen. Ich dachte bei mir, der Pastor hat einfach nicht das gesehen, was ich gesehen habe: Nette, freundliche Menschen, die einander zuhörten und einander mochten, die sowohl großzügig mit ihrem Geld als auch mit ihrer Zeit umgingen. Die meisten von ihnen fühlten sich in einer Bar viel willkommener und angenommener, als sie sich je in einem Gemeindesaal gefühlt hatten. Und genauso war es auch mir bis vor Kurzem ergangen.

Ich möchte hier keineswegs Kneipen romantisieren. Aber ich denke, dass Jesus, der dafür bekannt war, sich Zeit für Sünder zu nehmen, wohl für jede

Predigt gegen das Kneipenwesen fünf Predigten gegen selbstgerechte Gemeinden gehalten hätte!

Les Misérables (»Die Elenden«)

Was ist der Grund dafür, dass Victor Hugos *Les Misérables* ein so außergewöhnlicher Erfolg als Roman, Schauspiel und Film ist? Warum sehen bzw. lesen Menschen diese Geschichte immer und immer wieder? Und warum werden sie davon zu Tränen gerührt?

Verändert durch die ihm von einem Bischof gezeigte Gnade, der ihn vor den Konsequenzen eines von ihm begangenen Diebstahls und einer Tätlichkeit bewahrt, macht Jean Valjean einen Neuanfang als Kaufmann, Bürgermeister und Wohltäter.

Er wird jedoch von dem Polizeidetektiv Javert, dem Gesetzlichen schlechthin, der fest entschlossen ist, den Buchstaben des Gesetzes bis aufs i-Tüpfelchen zu erfüllen, gnadenlos gejagt.

Valjean rettet Javerts Leben. Er befreit den Mann, der sein einziges Hindernis zur Freiheit ist. Er befreit jemanden, der die Macht hat, ihn zu zerstören. Unfähig, solch eine überwältigende Gnade zu fassen, setzt Javert seinem eigenen Leben ein Ende und stellt damit für Valjean die Freiheit wieder her.

Les Misérables befindet sich auf den Spuren der Gnade – überraschender, erschütternder und erstaunlicher Gnade. Valjean wird durch Gnade verwandelt, die er daraufhin einem ebenso unwürdigen Mann zeigt. Und wo nahm dieser Gnadenkreis seinen Anfang? Mit dem Einen, der dem Bischof Gnade erwies, der als Folge davon Valjean Gnade gewährte – mit Jesus Christus.

Les Misérables handelt von der Macht der Gnade. Seine enorme Beliebtheit sollte uns daran erinnern, wie sehr sich Menschen nach der Gnade Christi sehnen.

Der verlorene Sohn

Jesus erzählt uns das Gleichnis vom verlorenen Sohn (Lukas 15,11-32). Der Sohn verachtet seinen Vater, fordert von ihm die Auszahlung seines Erbes, geht von zu Hause fort und verschwendet all seinen Besitz in Unmoral. Dem Verhungern nahe, kehrt er zu seinem Vater zurück, um dessen Erbarmen zu erflehen.

Was meinen Sie: Was wird wohl die Reaktion des Vaters sein? Wird er ihm den Zutritt zum Grundstück verweigern? Ihm sagen, er sei ausgestoßen? Ihn auspeitschen lassen? Ihn zu einem Sklaven machen? Ihn anbrüllen? Ihm eine Moralpredigt halten? Ihm sagen: »Hab ich es dir denn nicht von Anfang an gesagt?«

Jesus teilt uns mit: »Als er aber noch fern war, sah ihn sein Vater und wurde innerlich bewegt und lief hin und fiel ihm um seinen Hals und küsste ihn« (Vers 20).

Der Vater gibt ihm die beste Kleidung, steckt ihm einen Ring an den Finger und gibt ihm Sandalen für seine Füße. Er lässt das gemästete Kalb zubereiten, arrangiert ein Fest, eine Feier größten Ausmaßes. Er ruft aus: »Denn dieser mein Sohn war tot und ist wieder lebendig geworden, war verloren und ist gefunden worden« (Vers 24).

Ehrwürdige Männer im Nahen Osten rannten normalerweise nicht. Und sie veranstalteten ganz bestimmt auch kein Fest für einen Sohn, der Schande über sie gebracht und sich der Verschwendung schuldig gemacht hat.

Was ist nun der Sinn dieses Gleichnisses? Unser himmlischer Vater freut sich über bußfertige Sünder, überschüttet uns mit Gnade.

(Hinter den Kulissen finden wir den an der Wahrheit ausgerichteten älteren Bruder, der keinen Raum für Gnade hat. Verbittert über die Wiederherstellung seines Bruders sagt er zu seinem Vater im Grunde Folgendes: »Denk einmal über all das nach, was ich für dich getan habe. Du bist mir etwas schuldig!«)

Freude im Himmel

Philip Yancey berichtet von einer neueren Variante des Gleichnisses vom verlorenen Sohn, von einem Mädchen mit einem Nasenring und einer aufmüpfigen Grundhaltung. Sie rebelliert gegen ihre Eltern, läuft davon und wird eine drogensüchtige Prostituierte in Detroit.

Monate vergehen. Sie sieht auf einer Milchtüte eine Vermisstenanzeige mit einem Foto von ihr, macht sich jedoch nicht die Mühe, ihrer Familie mitzuteilen, dass sie noch lebt.

Dann, zwei Jahre später, erkrankt sie und verliert jede Hoffnung. Ihr Zuhälter wirft sie auf die Straße.

Als dann alle anderen Möglichkeiten ausgeschöpft sind, ruft sie zu Hause an, hinterlässt eine Nachricht auf dem Anrufbeantworter, steigt in einen Überlandbus und erreicht schließlich den Busbahnhof ihrer Heimatstadt. Das Fahrgeld von dort zu ihrem einstigen Zuhause würde sie sich erbetteln.

Als sie jedoch aus dem Bus aussteigt, wird sie von einem 40-köpfigen Empfangskomitee bestehend aus ihren Brüdern, Schwestern, Onkeln, Tanten, Cousins, Cousinen, Großeltern und Eltern willkommen geheißen, alle mit Festtags-Hüten auf ihren Köpfen und mit einem riesigen, ausgebreiteten Spruchband, auf dem zu lesen ist: »Willkommen zu Hause.«

Bevor sie auch nur die Worte »Bitte, vergib mir!« aussprechen kann, flüstert ihr Vater ihr auch schon zu: »Nur ruhig, mein Schatz, lass uns später darüber reden. Wir müssen dich jetzt nach Hause zu der Feier bringen; denn dort wartet ein Festtagsessen auf dich!«[12]

Eine derart überfließende Gnade erweckt den Anschein, als seien die Eltern nichts weiter als Narren, ist es nicht so? Für einen Narren gehalten zu werden, ist ein Risiko, das Gott bereitwillig eingeht, wenn Er uns Gnade erweist. Wir erwarten, dass der Vater den Festtagsbraten wegschließt, damit er uns dazu bringt, auf die Knie zu fallen und ihn um Gnade anzuflehen. Aber genau das tut Er nicht.

Kurz bevor Jesus die Geschichte vom verlorenen Sohn erzählt, sagt Er: »So wird Freude im Himmel sein über einen Sünder, der Buße tut, mehr als über neunundneunzig Gerechte, die die Buße nicht nötig haben.« Und außerdem: *»So ... ist Freude vor den Engeln Gottes über einen Sünder, der Buße tut.«*

Jene, die sich im Himmel befinden, wissen um die Bekehrungen, die auf der Erde stattfinden, und bejubeln diese. Im Himmel findet für jeden Sünder, der Buße tut, eine Festfeier statt.

Die Annahme der Gnade Gottes durch einen Sünder bedeutet für den Himmel eine Festfeier und sollte auch auf der Erde ein Grund zum Feiern sein.

Gnade kontra Toleranz

Denken wir an das Mädchen, das von zu Hause wegrannte und nach Detroit kam. Einige würden den Eltern die Schuld zuweisen, haben sie doch einfach viel zu viel von ihr verlangt. Wenn sie niemals einen

Stubenarrest verhängt und niemals irgendwelche Regeln aufgestellt hätten, dann hätte ihre Tochter auch nichts gehabt, wogegen sie hätte rebellieren können. Wenn sie sich schmutzige Filme anschauen will – in Ordnung! Wenn sie mit Typen, die Drogen nehmen, herumhängen will – in Ordnung! Wenn sie mit ihrem Freund schlafen will, nun, es ist ihr Leben – wir werden ihr Verhütungsmittel besorgen. Wir wollen sie uns nicht entfremden, indem wir Druck auf sie ausüben oder sie bevormunden.

Solche Eltern meinen manchmal, sie würden ihren Kindern »Gnade« zeigen. Doch das ist überhaupt keine Gnade. Es bedeutet einfach nur, niedrige Wertmaßstäbe und eine hohe Toleranz der Sünde gegenüber zu haben.

Gnade setzt niemals das Niveau der Heiligkeit herab. Jesus senkte die Messlatte nicht herab; sondern Er *erhöhte* sie! »Ihr habt gehört, dass gesagt ist: Du sollst nicht ehebrechen. Ich sage euch, dass jeder, der eine Frau ansieht, sie zu begehren, schon Ehebruch mit ihr begangen hat in seinem Herzen« (siehe Matthäus 5,27-28).

Ein Zuhause voller Gnade ist zugleich ein Zuhause voller Wahrheit, denn Gnade macht Menschen nicht weniger heilig, sondern ganz im Gegenteil: Sie macht sie *heiliger*. Gnade führt Menschen nicht dazu, dass sie die Wahrheit verachten oder ignorieren; sie macht sie zu Liebhabern und Nachfolgern der Wahrheit. Weit davon entfernt, ein Freibrief zum Sündigen zu sein, gibt Gnade die übernatürliche Befähigung, *nicht* zu sündigen (Titus 2,11-12).

Gnade erhöht die Messlatte, aber sie ermöglicht uns auch, diese freudig zu überspringen.

Ein Verständnis von Gnade, das dazu führt, dass wir – oder unsere Kinder – Wahrheit als unwichtig erachten, hat nichts mit der biblischen Gnade zu tun.

Die Selbstgerechten

Jesus hatte die härtesten Worte für genau jene, deren lehrmäßige Aussagen Seinen am nächsten kamen. Die Pharisäer waren die »Bibeltreuen« der damaligen Zeit.

Jesus sagte: »Zwei Menschen gingen hinauf in den Tempel, um zu beten, der eine ein Pharisäer und der andere ein Zöllner. Der Pharisäer stand und betete bei sich selbst so: Gott, ich danke dir, dass ich nicht bin wie die übrigen der Menschen: Räuber, Ungerechte, Ehebrecher oder auch wie dieser Zöllner. Ich faste zweimal in der Woche, ich verzehnte alles, was ich erwerbe.«

Die Worte dieses Mannes triefen nur so von Selbstbeweihräucherung. Durch das Vergleichen mit anderen gewinnt er an Bedeutung, durch die Erniedrigung anderer erhöht er sich selbst.

Dann beschreibt Jesus den anderen Mann: »Der Zöllner aber stand weitab …« Er empfand sich als unwürdig, sich auch nur in der Nähe des Tempels, des Ortes der heiligen Gegenwart Gottes, aufzuhalten. »... und wollte sogar seine Augen nicht zum Himmel aufheben, sondern schlug an seine Brust und sprach: Gott, sei mir, dem Sünder, gnädig!«

Jesus sagte von ihm: »Ich sage euch: Dieser ging gerechtfertigt hinab in sein Haus im Gegensatz zu jenem ...« (Lukas 18,9-14).

Gerechtfertigt zu werden bedeutet, für gerecht erklärt zu werden. Wie jedoch ist es möglich, dass Ungerechte für gerecht erklärt werden?

Paulus schreibt uns: »Abraham aber glaubte Gott, und es wurde ihm zur Gerechtigkeit gerechnet« (Römer 4,3). Gerechtigkeit kommt niemals aus einem Vertrauen auf sich selbst, sondern aus dem Glauben an Gott. Der von Jesus erwähnte religiöse Führer glaubte an sich selbst und war, wenn es um andere ging, gnadenlos. Der Zöllner hingegen vertraute auf Gott und erflehte Gottes Barmherzigkeit.

Wenn wir das Leben auf das Wesentliche reduzieren, dann haben wir es lediglich mit zwei Gruppen von Menschen zu tun: mit Sündern, die ihre Sündhaftigkeit eingestehen, und Sündern, die diese bestreiten.

Zu welcher Gruppe gehören Sie?

Einwände gegen die Gnade

Während einer Konferenz in Großbritannien über Vergleichende Religionswissenschaft diskutierten

Gelehrte über die Frage, welches Glaubensgut – so es denn ein solches überhaupt gibt – vollkommen einmalig für den christlichen Glauben sei.

Die Menschwerdung Gottes? Auch die Götter anderer Religionen erschienen in menschlicher Gestalt. Die Auferstehung? Auch andere Religionen berichten von solchen, die von den Toten zurückkehrten. Man setzte die Diskussion fort, bis C. S. Lewis den Konferenzraum betrat, woraufhin die Gelehrten diese Frage an ihn richteten.

»Das ist nicht allzu schwer!«, entgegnete Lewis. »Die Antwort ist: die Gnade.«[13]

Unser sich bis zum Himmel auftürmender Stolz ist nicht von dem Gedanken abzubringen, dass wir uns unseren Weg zu Gott hinauf zu erarbeiten haben. Einzig und allein der christliche Glaube beschreibt Gottes Gnade als bedingungslos. Dies widerstrebt dem natürlichen Menschen jedoch so sehr, verletzt unseren Stolz in einem solchen Maß, dass der Mensch sich etwas Derartiges nie hätte ausdenken können. (Dies ist übrigens einer der Hauptgründe, warum Lewis dem Christentum Glauben schenkte.)

»Sind denn nicht ohnehin alle Religionen im Grunde genommen gleich?« Stellen Sie sich einmal einen Mathematik- oder einen Französischlehrer vor, der seinen Studenten sagen würde: »Es ist letztlich unwichtig, wie ihr die Fragen des Tests beantwortet. Eigentlich sind ohnehin alle Antworten richtig.«

Die Götter des Hinduismus sind zahlreich und unpersönlich. Der Gott des Christentums dagegen ist Einer, und Er ist persönlich. Im Buddhismus findet man weder Vergebung noch göttliches Eingreifen. Das Christentum aber kennt sowohl Vergebung als auch das Eingreifen Gottes zu diesem Zweck. Im Islam verdient sich der Mensch durch das Tun guter Werke eine gerechte Stellung vor Gott. Im Christentum dagegen erwerben sich Menschen Gerechtigkeit allein dadurch, dass sie ihre Ungerechtigkeit bekennen und sich in die Verdienste Christi einhüllen. In jeder anderen Religion versucht der Mensch – durch eigene Werke – zu Gott zu gelangen. Das Christentum dagegen ist Gottes Weg zum Menschen.

Sollten Sie nach einer Religion suchen, die Sie in einem guten Licht erscheinen lässt, dann ist das Christentum sicher nicht die richtige Wahl. Das Christentum hat jedoch einen gewaltigen Vorteil – und zwar den, dass es wahr ist!

Nur eine Bedingung

Michael Christophers Schauspiel *The Black Angel* (»Der Schwarze Engel«) handelt von einem Nazi-General namens Hermann Engel, der sich abscheulicher Kriegsverbrechen schuldig gemacht hatte und zu 30 Jahren Gefängnis verurteilt wurde.

Nachdem er entlassen worden war, machte er einen Neuanfang und ließ seiner Frau und sich in einem abseits gelegenen Teil Frankreichs ein Häuschen bauen. Doch es gab einen französischen Journalisten namens Morrieaux, dessen Familie von Engels Truppen niedergemetzelt worden war.

Morrieaux hatte 30 Jahre lang an seiner Bitterkeit festgehalten und war fest entschlossen, Rache zu nehmen.

Der Journalist verfolgte Engel bis in jenes französische Dorf, ging zu der dort ansässigen Verwaltung und schürte den Hass gegen Engel. Die Männer wurden sich darin einig, Engel und seine Frau in jener Nacht umzubringen und deren Häuschen bis auf die Grundmauern niederzubrennen.

Dessen ungeachtet konfrontierte Morrieaux Engel an jenem Nachmittag mit dessen Kriegsverbrechen und stellte ihm während des gesamten Nachmittags seine Fragen. Mit der Zeit sah Morrieaux die schuldbeladene und gepeinigte Seele dieses müden, bedauernswerten Mannes. Und so begann sein Sinnen auf Rache einen bitteren Beigeschmack zu bekommen.

Schließlich sagte Morrieaux: »Man will Sie heute Nacht umbringen. Kommen Sie sofort mit mir mit, und ich werde Sie in Sicherheit bringen.« Engel blickte ihn fest an.

»Ich werde nur unter einer Bedingung mit Ihnen gehen.«

»Unter welcher?«

»Dass Sie mir vergeben.«

»Nein«, sagte Morrieaux. »Ich werde Ihr Leben schonen … aber Ihnen vergeben, das kann ich nicht.«

Und so lehnte Engel es ab mitzugehen. In jener Nacht wurde sein Häuschen bis auf die Grundmauern niedergebrannt. Er und seine Ehefrau wurden ermordet.

Warum war Engel diese vergebende Gnade wichtiger als sein Leben? Und warum konnte Morrieaux die Kraft zur Vergebung nicht in sich finden? Das sind berechtigte Fragen.

Die gute Nachricht ist, dass es einen Gott gibt, der weitaus größer ist als Engel, einen Erlöser, der ungleich größer ist als Engels begangene Sünde. Und dass es einen Gott gibt, weitaus größer als Morrieaux … sehr viel größer als dessen Unfähigkeit zu vergeben.

Kapitel 8

Die Wahrheit, die uns frei macht

Johannes 2 hebt das erste Zeichen, das Christus tat, hervor. Sollte man hier nicht ein weltbewegendes Ereignis erwarten?

Nun, was war das erste Zeichen Jesu? Er verwandelte Wasser zu Wein. Warum? Um den Gastgebern aus einer peinlichen Situation herauszuhelfen und damit die Gäste lachen, tanzen und sich an dem Hochzeitsmahl erfreuen konnten. Was Er tat, war nicht die majestätische Proklamation der Wahrheit, sondern ein schlichter, wohlüberlegter Gnadenakt.

Im Gegensatz dazu sieht man dann als Nächstes, wie Jesus sich eine Geißel macht, Tische umschmeißt, die Händler aus dem Tempel wirft und ausruft: »Wie könnt ihr es wagen, aus dem Haus meines Vaters eine Räuberhöhle zu machen?«

Jesus wurde von dem Eifer für die gerechten Wertmaßstäbe Seines Vaters verzehrt.

Er kannte keine Toleranz gegenüber der Missachtung von Heiligkeit und Wahrheit.

Der Duft der Gnade von dem Hochzeitsmahl lag noch in der Luft, doch bei dem, was Er im Tempelhof tat, handelte es sich um eine eindrückliche Demonstration der Wahrheit.

Wie zwei Sonnen, die einander umkreisen, um einen Doppelstern zu bilden, sind Wahrheit und Gnade von gleicher Wichtigkeit, von grundlegender Bedeutung und untrennbar miteinander verbunden. Eines von beiden mag für einen Moment das andere in den Schatten stellen, doch binnen kurzer Zeit wird sein Zwilling am Horizont auftauchen, um an der Seite des anderen seinen ihm gebührenden Platz einzunehmen.

In Johannes 1 wird uns mitgeteilt, dass Jesus voller Gnade und Wahrheit war. In Johannes 2 bekommen wir dann eine Demonstration der Gnade gefolgt von einer Demonstration der Wahrheit. Beide stehen nebeneinander, überraschend und paradox zugleich. In der Person Jesus finden wir sie jedoch in einer völligen Ausgewogenheit.

Der Jesus, der vor 2000 Jahren hier auf der Erde lebte, der ursprüngliche, der historische Jesus war voller Gnade und Wahrheit. Der moderne, mythologische Jesus kommt dagegen voller Toleranz und Relativismus daher. Selbst in der Gemeinde wird die Wahrheit manchmal unter Subjektivismus und Feigheit begraben, während die Gnade in einem Meer von Toleranz und Gleichgültigkeit versinkt.

Ohne Wahrheit fehlt uns der Mut zu reden, fehlen uns die Überzeugungen, die es weiterzugeben gilt. Ohne Gnade fehlt es uns an dem nötigen Mitgefühl, um den tiefsten Bedürfnissen unserer Mitmenschen zu begegnen.

Die große Mehrheit der US-amerikanischen Universitäten wurde mit der Vision und den Geldern von Christen errichtet. Warum? Um Wahrheit zu lehren.

Die meisten US-amerikanischen Krankenhäuser wurden mit der Vision und den finanziellen Mitteln von Christen erbaut. Warum? Um Gnade zu zeigen.

Wir haben schlicht und einfach nicht das Recht, uns entweder für die Gnade oder für die Wahrheit zu entscheiden. Dennoch ziehen viele Gläubige das eine dem anderen gewohnheitsmäßig vor, entsprechend unserem Naturell, unserem Hintergrund, unserer Gemeinde- bzw. Familienzugehörigkeit.

Wir müssen lernen, sowohl zur Gnade als auch zur Wahrheit »Ja« zu sagen – und »Nein« zu allem, was uns bezüglich beidem im Wege steht.

Freundlicher bzw. netter als Jesus?

Das christliche Leben gründet sich nicht darauf, der Wahrheit aus dem Weg zu gehen, sondern darauf, auf die Wahrheit zu hören und sich ihr zu unterwerfen. Die größte Freundlichkeit, die wir einander erweisen können, ist Wahrheit.

Man hat uns eingeschärft, es sei unangebracht, auch nur irgendein negatives Wort auszusprechen. Und doch gab es Zeiten, da war es klar: Ein treuer

Zeuge zu sein, bedeutet, Christus zu repräsentieren, und das selbst dann, wenn dies heißt, sich damit unbeliebt zu machen. Heute bedeutet, ein treuer Zeuge zu sein, »Menschen dazu zu bringen, dass sie uns mögen«.

Wir haben das Wort *christusähnlich* mit »freundlich« bzw. »nett« neu definiert. Gemäß dieser Definition war Christus nicht immer christusähnlich. Denn Er konfrontierte Menschen mit Sünde, Er erhob Seine Stimme gegen das Unrecht, warf Tische um, bezeichnete Menschen als Schlangen, Narren, Blinde, Heuchler und übertünchte Gräber. Wenn wir nicht von Sünde und der Hölle reden, weil wir einfach nur freundlich sein wollen, dann versuchen wir, freundlicher als Jesus zu sein, denn Jesus sprach über diese beiden Punkte sehr häufig.

Die veränderte Position auch vieler Evangelikaler im Hinblick auf Sünde und Hölle veranschaulicht unser Versagen, Gnade und Wahrheit miteinander zu vereinbaren. Während liberale Gruppierungen und Sekten die Hölle schon immer verleugnet bzw. umdefiniert haben, hielten Evangelikale beharrlich an der biblischen Lehre fest, dass es sich bei der Hölle um einen realen und ewigen Ort handelt. Zumindest bis vor Kurzem.

Ich habe einen Bekannten, welcher der Ansicht ist,

dass es ihm aufgrund seines Glaubens an die Gnade Gottes nicht möglich sei, an eine Hölle zu glauben.

Er ist zu einem Verfechter der Allversöhnung geworden. Er behauptet, dass Menschen nicht in eine ewige Hölle kommen könnten, da Jesus ja das Lösegeld für die Errettung der Welt bezahlt habe. »Ich liebe die Menschen viel zu sehr, um sie in die Hölle zu schicken«, sagt er. »Und ganz bestimmt liebt Gott die Menschen noch viel mehr als ich!«

Wenn Logik meine Autorität wäre, dann würde ich dem zustimmen. Da jedoch die Heilige Schrift meine Autorität ist (sich selbst überlassen, ist meine Logik ohnehin eine verdrehte Logik), ist mir dies unmöglich. Ich habe ihn gefragt, ob er der Meinung sei, der Himmel sei ewig. »Ja, selbstverständlich«, hat er geantwortet. Daraufhin las ich ihm vor, was Christus in Matthäus 25,46 gesagt hat: »Und diese werden hingehen zur ewigen Strafe, die Gerechten aber in das ewige Leben.« Dasselbe griechische Wort, das hier mit *ewig* übersetzt ist, wird sowohl bezüglich des Himmels als auch bezüglich der Hölle gebraucht. Nun, wenn der Himmel ewig ist, dann ist die Hölle ebenfalls ewig.

Daraufhin zuckte er mit den Schultern und beteuerte nochmals, dass Gottes Gnade eine ewige Hölle unmöglich mache. Er zieht die Gnade der Wahrheit über die Hölle vor. Ich jedoch glaube an beides, weil die Bibel beides lehrt.

Jesus sprach mehr von der Hölle als irgendeine andere Person der Heiligen Schrift. Zwölf von den vierzehn Vorkommnissen des zentralen Wortes für *Hölle* im Neuen Testament werden von Jesus erwähnt. Er sprach von der Gefahr des Höllenfeuers (Matthäus 5,22) und davon, dass Menschen in die Hölle geworfen werden (Vers 29), und fragte: »Wie solltet ihr dem Gericht der Hölle entfliehen?« (23,33).

Ironischerweise geht die falsche Lehre, die von meinem Bekannten vertreten wird, nach hinten los, beseitigt sie doch die Dringlichkeit des Evangeliums und hält damit Menschen *von* der Gnade ab. Seine Verleugnung der Hölle im Namen der Gnade hält Menschen von der Gnade ab, die er liebt, und führt sie doch gleichzeitig in Richtung Hölle, die er hasst und ablehnt.

Selbst viele von denen, die keine Anhänger der Allversöhnung sind, mindern den gewaltigen Wert der Erlösung durch die Ablehnung einer ewigen Hölle.

Derjenige, der nicht zu ertrinken meint, wird sich wohl kaum nach dem Lebensretter ausstrecken. Warum sollte er auch?

Die entscheidende Frage

Wenn wir durch und durch heilig wären, dann würde uns klar sein, dass das wirklich Ungewöhnliche *nicht darin besteht*, dass Gott Menschen in die Hölle wirft. Er ist vollkommen gerecht, und wir sind Sünder, die von Rebellion durchdrungen sind. Warum sollten Menschen in die Hölle geworfen werden? Was für eine Frage! Wo würden Sie sie denn sonst hinschicken?

Die wirklich beunruhigende Frage (wenn wir durch und durch heilig wären) wäre: »Wie kann ein heiliger Gott sündige Menschen in den Himmel lassen?« Wir stellen schlicht und einfach die falsche Frage, und zwar deshalb, weil wir die Wahrheit nicht erfassen. Und daher verstehen wir auch die Wunder Seiner Gnade nicht.

Wir meinen, dass die Hölle in keinem Verhältnis zu den von uns begangenen Vergehen steht, weil wir nicht erfassen, wie schwerwiegend diese Vergehen in Wahrheit sind. Gottes Gnade stellt sich unmittelbar der Realität der Hölle und bietet uns die völlige Errettung davon an. Die Verleugnung der Hölle nimmt der Gnade den Wind aus den Segeln. Wenn es keine ewige Hölle gibt, dann wird der gewaltige Wert der Erlösung stark herabgesetzt. Vor was genau wollte uns Jesus dann überhaupt durch Seinen Tod befreien? Eine Rettung ist nur so dramatisch und bedeutsam wie das Schicksal, von dem der Errettete befreit wird. Wenn Menschen aus dem zwanzigsten Stockwerk eines brennenden Gebäudes gerettet werden, so ist das heldenhaft und berichtenswert. Werden sie jedoch lediglich aus einer qualmenden Eingangshalle herausgeführt, wo bleibt da der Heldenmut? Was sollte an so etwas schon dramatisch sein?

Gnade ist das Werk Gottes, uns von dem vollen Ausmaß unserer Verdorbenheit und der verhängten Höchststrafe für diese frei zu machen. Durch ein Beschönigen der Verdorbenheit und durch die Verleugnung der ewigen Hölle versucht Satan, den Wert der Erlösung zu mindern und damit die Gnade, die durch Jesu Opfer bereitgestellt ist, billig erscheinen zu lassen.

Noch vor dreißig Jahren suchten sich viele Menschen eine Gemeinde, die an der Wahrheit festhielt und diese auch verkündete. Heute jedoch wählen viele eine Gemeinde nach dem Kriterium aus, ob es dieser gelingt, so zu sein, dass sie sich dort wohlfühlen. Wenn eine Gemeinde die Wahrheit verkündigt, dann wird sie einige Menschen hinzugewinnen, andere jedoch verlieren.

Jede fünfte US-Amerikanerin, die abgetrieben hat, bekennt, eine wiedergeborene Christin zu sein. Und doch sagen mir Pastoren: »Ich spreche nicht über Abtreibung, denn das würde bei den Menschen Schuldgefühle auslösen, da viele von ihnen Abtreibungen vorgenommen haben.«

Ist das denn nicht genau der Grund, warum wir darüber sprechen *sollten*? Um Menschen – sowohl

Frauen als auch Männer, denn in jedem Fall ist immer auch ein Mann beteiligt – dabei zu helfen, ihre Schuld zu erkennen, sich mit ihr zu befassen und Christi Gnade zu empfangen? Und um anderen zu helfen, die Sünde, welche diese Schuldgefühle hervorruft, nicht auch zu begehen?

Ich kenne viele Frauen, die abgetrieben haben und danach Gottes Vergebung und eine tief greifende Wiederherstellung erlebt haben. Die Frauen, die am meisten leiden, sind jene, die der Wahrheit nicht ins Auge sehen. Tief im Inneren wissen sie, dass ihr Gewissen sie anklagt und dass sie selbstzerstörerischen Verhaltensweisen nachgehen. Hier zu schweigen, bedeutet nicht Gnade – sondern Grausamkeit.

Epheser 4,15 fordert uns auf, die Wahrheit in Liebe weiterzugeben – nicht, die Wahrheit in Liebe vorzuenthalten. Unsere Aufgabe ist nicht, uns gegenseitig dazu zu verhelfen, dass wir uns gut fühlen, sondern einander zu helfen, gut zu *sein*.

In einer Zeit, in der viele Gemeinden davon abstehen, die Wahrheit beim Namen zu nennen und Gemeindezucht auszuüben, setzen weltliche Experten in ihrer Arbeit mit Süchtigen auf genau dieses »Beim-Namen-nennen« der Wahrheit.

Anstatt in die andere Richtung zu schauen, stellen sie die Wahrheit liebevoll und doch entschieden – ja, sogar ungefragt – vor. Warum diese Vorgehensweise? Nun, ganz einfach deshalb, weil *es funktioniert und von Erfolg gekrönt ist.*

Der Weg heraus aus der Schuld ist nicht das Leugnen der Schuld, sondern, sich ihr zu stellen und Gott dafür um Vergebung zu bitten.

Gnade zu zeigen, bedeutet manchmal, zu schweigen. Und bei anderen Gelegenheiten bedeutet es, seinen Mund aufzutun. Ihr Freund, dessen Vater im Sterben liegt, mag es mit der Angst zu tun bekommen, wenn Sie ihm von Christus erzählen. Dies zu tun, ist jedoch eindeutig zu seinem Besten und auch zum Besten seines Vaters. Deshalb sagen Sie ihm die Wahrheit; und bieten Sie ihm dann die Gnade und Ihre Hilfestellung an. Begleiten Sie ihn, wenn er Ihre Unterstützung braucht. Das Gleiche gilt für den Fall, wenn Sie sehen, wie ein Freund bezüglich der Kindererziehung falsche Entscheidungen trifft, die später zu Problemen führen könnten – dann schulden Sie ihm die Wahrheit.

Leider kennen viele Nichtchristen nur zwei Arten von Gläubigen: Jene, welche die Wahrheit ohne Gnade aussprechen, und jene, die zwar sehr nett sind, die jedoch die Wahrheit nicht weitergeben. Was sie brauchen, ist eine dritte Art von Christen – solche, die sie genug lieben, um ihnen die Wahrheit in einem Geist der Gnade weiterzugeben.

Kapitel 9

Gnade und Wahrheit als eine Einheit

In den 1930er-Jahren wurde Adolf Hitler von deutschen Kirchenmännern als ein Führer unterstützt, der nicht rauchte und nicht trank, der Frauen ermunterte, sich in keuscher Weise zu kleiden, und der Pornografie bekämpfte.

Wenn das Ihre Checkliste sein sollte, dann war Hitler ein prima Kerl.

Wann immer wir Gerechtigkeit an äußerlichen Dingen festmachen, geraten wir in Schwierigkeiten. An den Pharisäern zum Beispiel gab es rein äußerlich nichts auszusetzen.

Und doch benutzten sie die Wahrheit, um sich selbst zu erhöhen, während sie alle anderen gering achteten.

Ist alles Falsche in der Welt die Schuld anderer? Macht denn das Schuldzuweisungsspiel so viel Spaß? Wahrheit ohne Gnade erzeugt Zorn und Zynismus. Nichts ist kälter als tote, gesetzliche Orthodoxie.

Jesus machte deutlich, dass einige Wahrheiten wichtiger sind als andere. Das größte und erste Gebot ist die Liebe zu Gott; das zweite ist die Liebe zum Mitmenschen (Matthäus 22,37-39). Es geht nicht zuallererst um Ohrringe, Tätowierungen, Kleidung, das Trinken von Wein und das Rauchen – sondern vor allem um Gerechtigkeit, Rechtschaffenheit, Liebe und Barmherzigkeit. Es geht um Gnade und Wahrheit.

Ich erwähnte bereits Margaret Holder, die uns von »Onkel Eric« berichtete. Sie erzählte uns noch eine andere Geschichte. Die Kinder spielten Basketball, Rounders (ein dem Baseball ähnliches englisches Ballspiel) und Hockey. Eric Liddell war ihr Schiedsrichter. Es sollte sicher niemanden überraschen, dass er sich weigerte, sonntags als Schiedsrichter zu fungieren. Aber die Kinder spielten auch während seiner Abwesenheit. Liddell rang um diese Angelegenheit. Er meinte, er solle die Kinder nicht vom sonntäglichen Spiel abhalten, da diese Ablenkung gut für sie sei.

Schließlich entschloss sich Liddell dazu, auch sonntags als Schiedsrichter zu fungieren. Das machte einen tiefen Eindruck auf Margaret – sie begriff, dass der Athlet, der weltbekannt dafür geworden ist, seinen Erfolg für seine Überzeugung geopfert zu haben, nicht der Gesetzlichkeit ergeben war. Wenn es um seine eigene Ehre ging, war Liddell bereit, diese eher zu opfern, als an einem Sonntag zu laufen. Als es jedoch um das Beste für jene Kinder in dem Gefangenenlager ging, war er bereit, sogar sonntags ihr Schiedsrichter zu sein.

Auf der einen Seite verzichtete Liddell im Namen

der Wahrheit auf seine mögliche Goldmedaille, aber auf der anderen Seite war er im Namen der Gnade bereit, für andere allergrößte Mühen auf sich zu nehmen.

Politische Gnade und Wahrheit

Konservative betonen in der Regel Wahrheit (Moral), und Liberale heben Gnade (Mitgefühl) hervor. Konservative wollen bewahren, was recht ist; Liberale wollen von dem befreien, was falsch ist.

Die Entschiedenheit der Liberalen in den USA im Kampf gegen den Rassismus in den 1960er-Jahren ist lobenswert. Manchmal kämpfen jedoch Liberale gegen wahre Wertvorstellungen, wie z. B. gegen die Glaubensüberzeugungen, dass Abtreibung, Unzucht, Ehebruch und homosexuelles Verhalten vor Gott falsch sind. Sie umklammern Toleranz als eine Art Gnaden-Ersatz. Liberale Christen sind am Ende häufig zuallererst Liberale und erst dann Christen.

Konservative wollen verlorene Werte wiederherstellen. Sie wollen zu den Tagen zurückkehren, als das Beten an US-Schulen noch erlaubt war – und vergessen dabei, dass jene Schulen, die das Beten gestatteten, dieselben Schulen waren, die von schwarzen Kindern nicht besucht werden durften! Bei dem Versuch, so vieles zu konservieren – sogar Dinge, die eindeutig falsch waren (und sind) –, waren konservative Christen manchmal zuallererst Konservative und erst dann Christen.

Warum sollten wir überhaupt zwischen der Betonung der Wahrheit durch die Konservativen und der Betonung der Gnade durch die Liberalen wählen? Warum können wir nicht ganz einfach gegen das an Minderheiten *und* ungeborenen Menschen begangene Unrecht unsere Stimme erheben? Warum können wir uns nicht der durch Habgier gespeisten Zerstörung der Umwelt *und* dem industriefeindlichen New-Age-Umweltschutz entgegenstellen? Warum können wir nicht das biblische Recht auf Besitz von Eigentum verkünden *und* Gottes Forderung, unseren Reichtum freiwillig mit den Bedürftigen zu teilen, hervorheben? Warum können wir nicht an Gottes Verurteilung sexueller Unmoral – einschließlich homosexueller Praktiken – festhalten *und* uns aus Liebe und Mitgefühl nach jenen ausstrecken, die in einem zerstörerischen Lebensstil gefangen sind und an AIDS sterben?

Wir können diese Dinge nicht tun, wenn wir in erster Linie Liberale bzw. Konservative sind.

Wir können diese Dinge nur dann tun, wenn wir zuallererst Nachfolger Christi sind, der voller Gnade *und* Wahrheit ist.

Skandalöse Gnade

Erinnern wir uns an George, den Universitätsprofessor, den ich von jenem Parkplatz nach Hause fuhr. Als wir ihn einige Monate später noch einmal sahen, zwei Stunden bevor er Christus annahm, sagte er: »Ich habe so meine Probleme mit dem Gedanken, dass jemand ein egoistisches, sinnloses Leben führt, sich dann auf seinem Sterbebett bekehrt und in den Himmel kommen kann. Das klingt einfach zu leicht, zu billig.«

Ich habe dann seine zugrunde liegende Annahme, wir könnten uns den Himmel verdienen, infrage gestellt. Der schwierigste Teil unseres Gesprächs betraf die Gnade – die Überwindung des eigenen Stolzes, die Schwierigkeit, sich selbst einzugestehen: »Ich verdiene das ebenso wenig wie jener Verbrecher.«

Gnade war unbeschreiblich teuer für Gott. Und doch gibt es einfach nichts, was wir geben könnten, um diese zu bezahlen.

Einer der Diebe am Kreuz neben Jesus bat Ihn darum, ihn zu erretten. Und obwohl für Ihn jedes gesprochene Wort Qualen bedeutete, antwortete Jesus ihm: »Wahrlich, ich sage dir: Heute wirst du mit mir im Paradies sein« (Lukas 23,43).

Dieser Dieb würde niemals getauft werden, etwas Geraubtes zurückerstatten, eine Gemeinde besuchen, das Abendmahl feiern, ein christliches Lied singen oder eine Opfergabe geben können. Er hatte Christus auch nicht das Geringste anzubieten, da war keine Möglichkeit, Ihm etwas zurückzuzahlen.

Und die haben wir auch nicht.

Erinnern Sie sich an den König, der Sie dazu einlädt, bei ihm zu wohnen und sein Erbe zu sein, auch wenn Sie gegen ihn rebelliert und seinen Sohn ermordet haben? Nehmen wir einmal an, Sie würden hart arbeiten und Geld ansparen und kämen dann vor diesen König und würden zu ihm sagen: »Hier, ich möchte meine Schulden bezahlen.«

Stellen Sie sich einmal die Antwort des Königs vor. Sie könnten nicht einmal damit *beginnen*, ihm Ihre Schulden zurückzuzahlen. Allein der Versuch stellt eine unvorstellbare Beleidigung dar, setzt er doch den Wert des Todes seines Sohnes herab.

Auf der anderen Seite missbrauchen manche Menschen die Gnade, indem sie diese quasi zu einer Erlaubnis zum Sündigen degradieren. Judas schreibt: »Denn gewisse Menschen haben sich heimlich eingeschlichen, die längst zu diesem Gericht vorher aufgezeichnet sind, Gottlose, *welche die Gnade unseres Gottes in Ausschweifung verkehren* ...« (Judas 4; Hervorhebung durch den Autor).

Jedes Verständnis von Gnade, das dazu führt, dass wir uns, was das Sündigen anbelangt, wohler fühlen, hat nichts mit der biblischen Gnade zu tun. Gottes Gnade ermutigt uns niemals, an der Sünde festzuhalten; ganz im Gegenteil: Sie befähigt uns, »Nein« zur Sünde und »Ja« zur Wahrheit zu sagen. Sie ist das exakte Gegenteil von dem, was Dietrich Bonhoeffer »billige Gnade« nannte.

Gott kennt uns von unserer schlechtesten Seite – und liebt uns dennoch. In der Ewigkeit wird keine bis dahin noch verborgene, in Verlegenheit bringende Sünde zum Vorschein kommen. Gott wird niemals zu Ihnen sagen: »Nun, wenn ich *das* gewusst hätte, dann hätte ich dich *(bitte setzen Sie hier Ihren Namen ein!)* niemals den Himmel betreten lassen!«

Gott weiß um alle meine Sünden.

Bis hinab in den tiefsten Abgrund.

Und Jesus starb für jede meiner Sünden. Nicht eine ist davon ausgenommen.

Besser, als ich's verdient hätte

Wir sind so sehr daran gewöhnt, belogen zu werden, dass wir dem Evangelium gegenüber misstrauisch geworden sind – als ob es einfach zu schön wäre, um wahr zu sein.

Sie wissen ja: »Es gibt nichts, was umsonst ist.«

»Wo ist da der Haken?«

Da ist keiner!

»Lasst uns nun *mit Freimütigkeit hinzutreten zum Thron der Gnade*, damit wir Barmherzigkeit empfangen und Gnade finden zur rechtzeitigen Hilfe!« (Hebräer 4,16; Hervorhebung durch den Autor). Für einen frommen Juden ist die Vorstellung von einem ungehinderten Zugang zu Gott skandalös. Und doch haben wir Zugang, freien Zugang. Aufgrund des Werkes Christi steht uns Gottes Tür jederzeit offen.

Wahre Gnade macht nicht allein mit unserer Selbstgerechtigkeit Schluss, sondern auch mit unserer Unabhängigkeit. Gott bringt uns häufig an einen Punkt, an dem niemand da ist, an den wir uns wenden könnten, außer an Ihn selbst. Es ist so wie mit dem Manna. Er gibt uns immer genug, doch nie zu viel. Er lässt nicht zu, dass wir uns einen Vorrat an Gnade anlegen. Wir müssen zu Ihm kommen, immer wieder aufs Neue, jeden Tag, jede Stunde.

Immer wenn ich meinen Freund C. J. frage: »Wie geht es dir?«, so erwidert er: »Besser, als ich's verdient hätte.«

Aber das ist nicht etwa nur eine schlagfertige Antwort. Er meint genau das, was er sagt. Und er hat Recht. Wir haben schlicht und einfach weder die großen noch die kleinen tagtäglichen Gnadenerweise Gottes verdient.

Der römische Hauptmann ließ Jesus sagen: »Ich bin es nicht wert, dass du mein Haus betrittst. Deshalb hielt ich mich auch nicht für würdig, selbst zu dir zu kommen« (Lukas 7,6-7, Neue Genfer Übersetzung).

Aus der Gnade zu leben, bedeutet, tagtäglich die eigene Unwürdigkeit einzugestehen.

Wir sind nicht dankbar für Dinge, von denen wir

meinen, dass wir sie verdient hätten. *Tief dankbar sind wir nur für das, wovon wir wissen, dass wir es nicht verdient haben.*

Wenn Sie sich darüber im Klaren sind, dass Sie die ewige Hölle verdient haben, dann bekommt ein so genannter »schlechter Tag« den ihm gebührenden Platz zugewiesen! Wenn Sie sich erst einmal darüber im Klaren sind, dass Ihnen all das im Grunde überhaupt nicht zusteht, dann wird für Sie mit einem Mal eine Welt lebendig, dann überraschen und erfüllen Gottes vielfältige Freundlichkeiten Sie mit Dankbarkeit – Gnadenerweise, die für Sie, solange Sie noch meinten, Sie hätten ganz bestimmt etwas Besseres verdient, unsichtbar waren. Anstatt in Selbstmitleid zu versinken, schwimmen Sie nunmehr in einem Meer tiefer Dankbarkeit.

Wenn mir bewusst wird, dass ich unwürdig bin – und dessen bin ich mir oft bewusst –, dann sehe ich die Dinge, wie sie wirklich sind. Versuchen Sie jetzt bloß nicht, mir meine Unwürdigkeit auszureden. Was ich brauche, ist zum einen Ihre Ermunterung, diese Unwürdigkeit in demütiger Haltung vor Christus niederzulegen, und zum anderen, dass Sie Gott darum bitten, Er möge mir die nötige Kraft dazu geben. Ja, ich klammere mich an die Tatsache, dass ich nun eine neue Schöpfung bin, eingehüllt in die Gerechtigkeit Christi (2. Korinther 5,17-21). Doch derselbe Paulus, der uns dies mitteilte, bezeichnete sich selbst als den »allergeringsten von allen Heiligen« (Epheser 3,8).

Stolz ist eine erdrückende Bürde. Es ist nichts mit jenem Gefühl der Leichtigkeit zu vergleichen, wenn Gott uns in gnädiger Weise von unserem falschen Selbstbild befreit hat. Selbst eine andauernde Beschäftigung mit unserem Versagen ist oft ein Akt des Stolzes – weil wir und unsere Sünden dann größer erscheinen als Gott und Seine Gnade.

Versuchen wir immer noch, unsere eigenen Sünden zu sühnen? Dazu sind wir nicht in der Lage. Nur Jesus kann das tun – und Er hat es bereits getan.

Versuchen Sie nicht, das sühnende Werk Jesu zu wiederholen – nehmen Sie dieses ganz einfach an!

Akzeptieren Sie Gottes Vergebung.

Ruhen Sie in Ihm.

Erfreuen Sie sich an Seinem Werk.

Anderen Gnade zeigen

Jesus erzählte von einem Diener, der seinem Meister zehntausend Talente, d.h. Millionen von Euro schuldete. Der Diener bat um Erlass dieser Schulden. Und obwohl der Meister das Recht gehabt hätte, ihn für den Rest seines Lebens ins Gefängnis werfen zu lassen, erließ er ihm die gesamten Schulden.

Dann jedoch verließ jener Diener ihn und fand einen gleichgestellten Diener, der ihm einen sehr viel kleineren Betrag schuldete – weniger als ein Hunderttausendstel von dem, was ihm erlassen worden war.

Er forderte von diesem die volle und unmittelbare Zahlung dieser Schulden. Daraufhin fiel der Schuldner auf seine Knie und bat ihn um Erbarmen. Doch der andere kannte kein Erbarmen, sondern ließ ihn ins Gefängnis werfen.

Als sein Meister davon hörte, sagte er in etwa Folgendes: »Hätte meine Vergebung wirklich dein Herz erreicht, dann hättest du diese wohl auch deinem Bruder gewährt.« Der Meister zog seinen Schuldenerlass zurück, denn ein Mensch, der nicht gnädig handeln will, stellt eine völlige Missachtung der Gnade unter Beweis.

Dieses Gleichnis lehrt:

- Unser Schuldenkonto bei Gott ist riesengroß, jenseits unserer Zahlungsfähigkeit.
- Unser Schuldenkonto bei Gott ist unendlich größer als alles, was irgendjemand uns schulden könnte.
- Wenn wir wirklich Gottes Vergebung unserer Sünden erfahren haben, dann werden wir auch dahingehend verändert, dass wir unseren Mitmenschen ihre Schuld vergeben.

»Wie sollte ich meinem Vater je vergeben können,

dass er mich misshandelt hat – meiner Ex-Frau, dass sie mich hintergangen hat – meinem Geschäftspartner, dass er mich betrogen hat? Da müsste schon ein Wunder passieren.«

Ganz genau. Und genau dieses Wunder nennt man Gnade.

»Erwarten Sie von mir, dass ich so tue, als habe er/sie mir jene schrecklichen Dinge niemals angetan?« Nicht im Geringsten. Gott tut nicht so, als hätten wir Ihm all jene schrecklichen Dinge überhaupt nie angetan. Er tut nicht so, als ob die Nägel in Seinen Händen Ihm keine Schmerzen verursacht haben.

Er sagt: »Ich starb, um dir zu vergeben … und um dir Gnade zu erweisen, damit auch du anderen vergibst.«

Gnade zu zeigen, befreit uns von der schrecklichen Last des Grolls und der Bitterkeit. So schlimm die Vergehen, die ein Mensch gegen mich begangen hat, auch sein mögen, sie sind sehr viel geringer als meine Verschuldungen gegenüber Gott. Wenn Er mir diese vergeben hat, dann kann auch ich durch Seine Gnade anderen vergeben.

Gottes Gnade ist für uns wie ein Blitz und unsere Gnade gegenüber anderen wie der Donner. Zuerst kommt der Blitz und dann als Antwort der Donner. Wir zeigen anderen Gnade, weil Er uns zuerst Gnade erwiesen hat.

Geh hin und sündige nicht mehr

Die »Wahrheit-allein«-Typen, die Pharisäer, waren bereit, jene Frau, die beim Ehebruch erwischt worden war, zu steinigen (Johannes 8,1-11). Wären die »Gnade-allein«-Typen dort anwesend gewesen, so hätten sie sicher die Hand der Frau getätschelt und gesagt: »Mach dir um jene Affäre nur keine Sorgen, liebe Frau. Gott versteht dich, und wir tun das auch.«

Jesus tadelte die Ankläger der Frau. Doch damit ist die Geschichte noch nicht zu Ende.

Er hätte sagen können: »Geh hin und brenne für deine Sünden« oder: »Geh hin und fühle dich frei, in Zukunft weiterzusündigen.«

Was Er jedoch sagte, war: »Geh hin und sündige von jetzt an nicht mehr!«

Jesus leugnete die Wahrheit nicht, sondern Er bestätigte sie. Die Frau musste von ihrem Weg umkehren. In ihrem Leben musste eine Veränderung stattfinden.

Jesus leugnete ebenso wenig die Gnade. Er bot sie vielmehr an. Er schickte diese Frau fort, begnadigt und gereinigt, um ein neues Leben beginnen zu können.

»Gnade-allein«-Typen verstehen nicht, warum Jesus sagte: »Fürchtet den, der … Macht hat, in die Hölle zu werfen …« (Lukas 12,5).

»Wahrheit-allein«-Typen verstehen nicht, warum

Jesus mit Sündern Zeit verbrachte und warum Er für sie am Kreuz hing.

Anstelle der Gleichgültigkeit und der Toleranz der Welt bieten wir Gnade an. Anstatt von Relativismus und Betrügereien der Welt bieten wir Wahrheit an.

Wenn wir die Gnade vernachlässigen, sieht die Welt keine Hoffnung auf Errettung. Und wenn wir die Wahrheit vernachlässigen, begreift die Welt nicht, dass sie Errettung braucht. Um der Welt Jesus zu zeigen, müssen wir sowohl eine unverkürzte Gnade als auch eine unverkürzte Wahrheit anbieten, müssen beides hervorheben und dürfen uns für keines von beidem entschuldigen.

Die Gemeinde in Kolossä hatte »die Gnade Gottes in Wahrheit [gehört und] erkannt« (Kolosser 1,6).

Wahrheit ist schnell dabei, Warnzeichen und Leitplanken oben an einer Klippe anzubringen. Doch sie versagt dabei, die Menschen zu einem sicheren Fahrstil zu befähigen – und sie versäumt es, ihnen zu helfen, wenn es einmal zu einem Unfall gekommen ist.

Gnade ist schnell bei der Hand mit der Bereitstellung von Krankenwagen und medizinischen Hilfskräften am Fuß der Klippe. Aber ohne die Wahrheit versäumt sie die Aufstellung von Warnzeichen und das Anbringen von Leitplanken. Dabei fördert sie genau jene Selbstzerstörung, die sie versucht abzustellen.

Wahrheit ohne Gnade stampft Menschen in den Boden und hört auf, Wahrheit zu sein. Gnade ohne Wahrheit betrügt Menschen und hört auf, Gnade zu sein.

Wahrheit ohne Gnade entartet zu herzloser Gesetzlichkeit. Gnade ohne Wahrheit degeneriert zu betrügerischer Toleranz.

Wir können den Herrn sowohl durch die Unterdrückung der Gnade als auch durch die Unterdrückung der Wahrheit, sowohl durch die Verfälschung der Gnade als auch durch die Verfälschung der Wahrheit betrüben.

Beides – Gnade und Wahrheit – ist notwendig. Keins von beiden ist allein ausreichend.

Wir müssen uns selbst überprüfen und – wo nötig – Korrekturen vornehmen.

Wir, die wir uns an der Wahrheit ausrichten, dürfen uns beim Zeigen von Gnade nicht im Weg stehen. Und wir, die wir uns an der Gnade ausrichten, dürfen uns bei der Weitergabe der Wahrheit nicht im Weg stehen.

»Hasse die Sünde, aber liebe den Sünder.« Niemand hat jemals beides so sehr praktiziert, wie Jesus es tat.

Wahrheit hasst Sünde. Gnade liebt Sünder.

Jene, die voller Gnade und Wahrheit sind, tun beides.

Schluss

Ich weiß, was es bedeutet, gerettet zu werden. Ich hatte auf einer Missionskonferenz in Palmer, Alaska, gesprochen. Danach befanden wir uns in einem kleinen Flugzeug unterwegs in Richtung Norden nach Galena. Meine zehnjährige Tochter Karina und ich flogen mit unserem Freund, dem Missionar Barry Arnold, und seiner Tochter Andrea. Nanci und unsere Tochter Angie flogen eine Stunde später mit einem anderen Flugzeug mit dem Rest von Barrys Familie, wobei sie eine andere Flugroute nahmen.

Wir hatten bereits einen Großteil der Flugstrecke zurückgelegt und überquerten gerade einen wunderschönen Wasserfall in einer Höhe von etwa 900 Metern, als plötzlich der Motor an Leistung verlor. Es bildete sich Rauch, und Öl spritzte an die Frontscheibe. Da Barry merkte, dass es keinen Öldruck mehr gab, musste er den Motor, der so aussah, als ob er jeden Moment Feuer fangen würde, abstellen. Plötzlich verloren wir, über einem rauen Gebirgspass, wo es keine Landemöglichkeit gab, rasant an Höhe.

Es sah ganz so aus, als ob wir es nicht schaffen würden.

Durch Gottes Gnade entdeckte Barry jedoch genau das richtige Fleckchen Erde, es gelang ihm, den Felsen auszuweichen und eine perfekte Notlandung zu machen. Wären wir auch nur ein paar Kilometer weitergekommen, hätten wir nirgendwo eine Landemöglichkeit gehabt. Wir wären abgestürzt.

Wir landeten gegen 16:30 Uhr. Barry stellte das Funkgerät ein und versuchte, Hilfe zu bekommen. Wir bildeten aus Steinen die Buchstaben SOS, errichteten ein Schutzdach, aßen etwas und beteten für unsere Familien, die sicher bald merken würden, dass wir am Boden waren, aber nicht wussten, ob wir noch lebten. Dann warteten wir, hoffend und betend, dass wir gerettet würden, noch bevor die kalte Nacht über uns hereinbrechen würde.

In den folgenden Stunden sahen wir drei Flugzeuge. Zwei davon waren kommerzielle Flieger, die sich in großer Höhe befanden. Sie hatten unseren Notruf nicht gehört, sahen weder unser SOS noch unser Notfeuer, noch die weißen Fahnen, die wir schwenkten. Das dritte Flugzeug hätte uns sehen können, doch der Pilot schaute nicht nach unten.

Es wurde dunkler. Wir bereiteten uns auf die Nacht vor.

Und dann, gegen 22:30 Uhr, entdeckte eine Such- und Rettungsmaschine unser Notfeuer.

Kurz vor Mitternacht, nachdem wir uns bereits sieben Stunden am Boden befanden, näherte sich uns von oben herab ein riesiges Luftfahrzeug, helle Lichter durchdrangen die Dunkelheit. Es handelte sich um einen Such- und Rettungshubschrauber.

Der Pilot stieg aus und ließ sein breites Grinsen aufleuchten. Es war für uns der angenehmste Anblick, den wir je gesehen hatten. Er sagte: »Wir haben mit einem Flugzeugwrack gerechnet. Wir dachten nicht, dass wir euch noch lebend antreffen würden.«

Später erfuhren wir, dass die Berge von insgesamt vier Flugzeugen und zwei Hubschraubern durchkämmt worden waren, um uns zu finden. Wenn dem nicht so gewesen wäre, hätte man uns wohl kaum gefunden.

Ich erinnere mich noch gut an die Freudenschreie der beiden zehnjährigen Mädchen, als jener Hubschrauber mit seinem mächtigen Suchscheinwerfer und seinem ohrenbetäubenden Lärm nur etwa 12 Meter von uns entfernt landete. Ich werde niemals das Gefühl der Ehrfurcht und Dankbarkeit vergessen, dieses unbeschreibliche Gefühl, als sie uns an Bord nahmen und zu einem Jagdhaus flogen, in dem wir die Nacht verbringen sollten.

Ich weiß, was es bedeutet, wenn man völlig unfähig ist, es allein zu schaffen. Ich weiß, was es heißt, von solchen übersehen zu werden, die nicht um unsere missliche Lage wussten. Und ich weiß, wie es ist, von einem Suchenden gefunden zu werden, jemandem, der Mittel hatte, die wir nicht hatten und doch so überaus dringend benötigten.

Und doch wären wir weitaus besser ohne unsere Retter in der Wildnis Alaskas aufgehoben gewesen, als irgendeiner von uns dies ohne Gott ist. Uns selbst überlassen sind wir vollkommen hilflos und hoffnungslos. In eigener Sache können wir keinen Finger rühren. Wir sind verloren in der Sündenwildnis, stecken fest, sind in einer abgelegenen Schlucht gefangen. Und niemand kann uns hören. Wir befinden uns in einer total ausweglosen Situation. Uns selbst überlassen, wartet auf uns nur der Tod.

Es sei denn, jemand kommt von oben zu uns herab, um uns zu retten.

Das ist unsere einzige Hoffnung. Und das ist das Evangelium – Gott hat unsere Hilferufe gehört; Er suchte nach uns, fand uns und bezahlte den Gesamtbetrag für unsere Errettung.

Dies – und nichts weniger – ist das Wesen wahrer Gnade.

»Gnade und Wahrheit sind sich« in Jesus »begegnet« (Psalm 85,11).

Dort am Kreuz vereinigten sich Gnade und Wahrheit.

Der scheinbare Widerspruch zwischen Gnade und Wahrheit ist zugleich eine Art und Weise, das Leben zu sehen. Menschen bedürfen der Ausrichtung durch die Wahrheit, um zu wissen, welcher Weg der richtige ist. Und dann brauchen sie die Befähigung durch die Gnade, um das Ziel zu erreichen.

Die Welt hat genug von all den falschen Erlösern, die nach dem Bild von Gnade *oder* Wahrheit verachtenden Herzen gemacht sind.

Es dürstet Menschen nach dem echten Jesus. Niemand anders kann Erfüllung geben.

Seine Fingerabdrücke sind Gnade *und* Wahrheit.

Menschen sehen nur dann Jesus, wenn wir ihnen Gnade *und* Wahrheit in unserem Leben zeigen.

Weniger als beides zusammen ist daher gar nichts.

Anmerkungen

1. C.S. Lewis, *Der König von Narnia* (Moers: Brendow, 1994).
2. C.S. Lewis, *Die Reise auf der Morgenröte* (Moers: Brendow, 1994).
3. C.S. Lewis, *Pardon, ich bin Christ – Meine Argumente für den Glauben* (Gießen: Brunnen Verlag, 1974), S. 10.
4. Charles Spurgeon, *Tauperlen und Goldstrahlen: Tägliche Andachten für stille Sammlung und häusliche Erbauung* (Kassel: Oncken, 1956), Morgen, 5. April.
5. Zitiert von LaTonya Taylor, »The Church of O«, *Christanity Today*, l. April 2002, S. 45.
6. Spurgeon, *Tauperlen und Goldstrahlen,* Morgen, 16. Mai.
7. James Patterson und Peter Kim, *The Day America Told the Truth* (New York: Prentice Hall Press, 1991), S. 25-26, 49, 66.
8. Michael Behe, *Darwin's Black Box* (New York: The Free Press, 1996); William Dembski, *Intelligent Design* (Downers Grove: InterVarsity Press, 1999).
9. Allan Bloom, *Der Niedergang des amerikanischen Geistes. Ein Plädoyer für die Erneuerung der westlichen Kultur* (Hamburg: Hoffmann & Campe, 1988).

10. J. Budziszewski, *How to Stay Christian in College* (Colorado Springs: NavPress, 1999), S. 68-78.
11. »How America's Faith Has Changed Since 9-11«, *Barna Research Online*, 26. November 2001. http://www.barna.org/cgi-bin/PagePressRelease.asp?PressReleaseID=102&Reference=D (Stand: 24. September 2002).
12. Adaptiert von Philip Yancey, *Gnade ist nicht nur ein Wort: Wie Gottes Güte unser Leben auf den Kopf stellt* (Wuppertal: R. Brockhaus Verlag, 2002).
13. Ebd.